Direction Hachette Pratique : Catherine Saunier-Talec
Responsable d'édition : Stéphane Rosa
Responsable de projet : Laura Gélie
Responsable artistique : Nicolas Gallois
Préparation de copie : Odile Raoul
Création graphique intérieure : Elsa Antoine - https://www.elsaantoine.fr/
Photographies : © Émilie Massal - http://emiliemassal.com/
Illustrations : © Kei Lam - https://keilam.fr/
Mise en pages : Nord Compo

Fabrication : Cécile Alexandre
Responsable partenariats : Sophie Morier (smorier@hachette-livre.fr)

75-7537-2 - X-2019
ISBN : 978-2-01-945183-7

Imprimé en Espagne par Estella Graficas

Mon NOËL écolo

Cadeaux, déco & co

Julie Laussat

Illustrations
Kei Lam

Photographies
Émilie Massal

TOUTES LES ASTUCES POUR UN VRAI NOËL **GREEN**

hachette
PRATIQUE

« il semble y avoir une magie dans le nom même de noël »

EXTRAIT DES NOUVELLES
«SKETCHES FOR BOZ»
DE CHARLES DICKENS, 1836

sommaire

chapitre 1 - préparer

chapitre 2 - décorer

chapitre 3 - offrir

chapitre 4 - célébrer

le père noël est écolo

Le père Noël est écolo, c'est un fait indiscutable.
Habitant du pôle Nord, il est confronté directement au dérèglement climatique. Il voit ses effets chaque jour sur son habitat, ses rennes et son activité. Il a modifié depuis quelques années sa trajectoire de distribution des cadeaux afin de s'adapter aux nouvelles conditions météorologiques, parfois violentes quand on part de l'endroit le plus froid de la planète.
Il a installé un tri des déchets exemplaire dans sa fabrique de jouets et il a recruté de nouveaux lutins pour s'occuper du recyclage. Il s'inquiète particulièrement pour l'état de la population des rennes qui chute depuis 20 ans. Rudolphe et ses copains sont loin d'être au repos après Noël. La glace a remplacé la neige une grande partie de l'hiver, rendant leur nourriture difficile d'accès. Et à la saison estivale, temps des vacances traditionnelles des rennes, ils doivent lutter entre chaleur et virus à combattre. Non vraiment, quand on connaît le père Noël, on voit bien qu'il est inquiet pour l'avenir de la planète.
Pourtant, il subit depuis quelques années des attaques virulentes de la part des protecteurs de l'environnement. Il encouragerait la surconsommation, les dépenses excessives, le gaspillage alimentaire et la production exponentielle de déchets pour une seule nuit dans l'année. Et il y a aussi le conflit avec le géant du soda qui utilise son image pour la période des fêtes... Décidément, le père Noël aurait-il vendu son âme au grand capitalisme, nous incitant ainsi à détruire nos ressources et encourageant notre penchant pour la consommation ?
Fatigué de ces attaques, il a décidé d'y remédier. Il avait bien pensé faire une déclaration publique ou envoyer un communiqué de presse, mais il est le dépositaire du secret de Noël. L'équilibre du monde en serait complètement bouleversé. Il m'a alors chargé de vous raconter l'histoire de Noël et de vous faire partager ses meilleures astuces pour célébrer son jour préféré de l'année, tout en respectant la planète.
J'espère avoir réussi à retranscrire ses idées et son histoire.
Je vous souhaite une bonne lecture et un très joyeux Noël.

Pour toutes remarques, merci de m'écrire directement et de ne pas solliciter le père Noël par le biais de votre liste de cadeaux. Cela risquerait de perturber le travail des lutins.

Père Noël

ESPRIT DE NOËL ET CONSCIENCE ÉCOLOGIQUE

Noël est traditionnellement une fête de famille, de retrouvailles et d'échanges. Mais on ne peut plus nier l'impact environnemental de cette unique journée. Dépenses croissantes, profusion des emballages, gaspillage alimentaire, forte consommation de produits animaliers, décorations jetables, voire même toxiques, le bilan de Noël n'est pas joli pour la planète. Ce jour devient une source d'angoisse pour beaucoup, entre le stress des préparatifs, la recherche des cadeaux parfaits dans des magasins bondés, les dépenses importantes et les réunions familiales à gérer. L'équation semble impossible à résoudre. Aujourd'hui, il est difficile d'être écolo et de célébrer Noël sans renier ses principes. Si l'écologie implique d'entrer dans un mode de vie décroissant, est-ce qu'il reste une place pour cette fête où la surconsommation règne ?

Cette célébration millénaire était pourtant autrefois très loin de l'image que l'on s'en fait au XXIe siècle. Les histoires qui racontent cette nuit du 24 décembre sont toutes empreintes de solidarité, d'espoir, de partage, d'amour et de nature. Aucune tradition ne prône l'épuisement de nos ressources, la surproduction de plastique et la folie des dépenses. En réalité, Noël est la seule fête où l'on retrouve autant d'aspects écologiques, d'éloge de la nature ou encore d'incitation à des actes de générosité.

Comment en est-on arrivé à un tel déballage de consommation, de codes promotionnels et de gaspillage ? Historiquement, la fête de Noël donne à elle seule une image parfaite de notre évolution vers la société de consommation, telle qu'on la connaît aujourd'hui. Un changement finalement très récent, mais si radical qu'il a réussi à annihiler des centaines d'années de tradition. Noël est désormais rejeté pour ce que cette fête représente, comme l'incarnation parfaite d'une société plus occupée par les profits que par l'équilibre de son environnement.

Revenir à l'esprit de Noël est une manière de refuser que cette fête ne reste aux mains du monde économique et une très belle occasion de faire vivre notre conscience écologique. C'est le moment de trouver une autre manière de célébrer cette nuit sans faire exploser son budget, sa poubelle, sa consommation énergétique ou son bilan carbone. C'est aussi un message primordial à transmettre aux enfants qui, malgré ce que l'on croit, sont bien plus sensibles aux traditions historiques et à leurs significations qu'à la dernière console de jeux vidéo.

Si vous cherchez bien, vos plus beaux souvenirs de Noël sont rarement reliés à des biens matériels, mais plus souvent à des traditions familiales, à une odeur, à une sensation et à des expériences que vous n'explorez qu'une fois dans l'année. Je me souviens du jour où l'on décorait le sapin, en musique et avec des cookies. Je me remémore des balades pour admirer les décorations des maisons, des soirées en pyjama pour regarder mes dessins animés préférés, des histoires fantastiques que l'on se racontait pour savoir comment le père Noël pouvait arriver chez nous alors qu'il n'y avait pas de cheminée. Je me rappelle des bûches ratées, de n'avoir jamais réussi à rester éveillée pour espionner le père Noël et du sérieux avec lequel j'écrivais ma lettre. Et je serais bien incapable de me rappeler l'ensemble de mes cadeaux de Noël, sans aucun doute trop nombreux.

L'impact écologique de Noël ne doit pas être minimisé, mais pas nécessairement être relié à cette célébration. Noël n'est pas anti-écologique par nature, c'est même complètement l'inverse. Il y a non seulement beaucoup d'histoires à raconter, mais aussi beaucoup d'idées et d'astuces pour passer un Noël en accord avec la planète.

Noël célèbre la nature et la lumière. Il n'existe pas de plus beau message pour une planète que l'on doit apprendre à chérir.

L'IMPACT ÉCOLOGIQUE DE NOËL

Les conséquences écologiques de la fête de Noël sont largement sous-estimées. Noël, ce n'est pas qu'une profusion de cadeaux ! C'est une alimentation riche et variée, composée d'huîtres, de foie gras, de dinde ou de chocolat. On assiste à une production incroyable de sapins naturels ou artificiels, voyageant parfois d'un bout à l'autre de la planète avant d'arriver dans nos salons. Cette unique journée est aussi responsable d'une quantité phénoménale de déchets, loin d'être tous recyclés ou même recyclables.

Noël a réussi à transformer toutes les traditions en objets marchands et on retrouve ainsi des oranges préséchées et emballées dans tous les magasins de décoration. C'est aussi une profusion de plastique, pourtant si problématique d'un point de vue écologique et sanitaire. Des décorations au sapin en passant par les poupées parfumées, de nombreux composants chimiques sont d'un seul coup libérés dans nos intérieurs. Noël est désormais une fête mondiale, où la consommation énergétique explose en quelques jours afin de nous offrir des villes illuminées comme en été. Enfin, Noël déplace les familles et les amis aux quatre coins de la France ou du monde, augmentant ainsi subitement le bilan carbone de tous.

?

ET LE PÈRE NOËL ALORS ?

Il a calculé son bilan carbone depuis longtemps et s'efforce de le réduire. Il aurait aimé le communiquer publiquement, mais cela nécessiterait de révéler certains secrets, comme le nombre d'enfants qu'ils visitent, le mécanisme de son traîneau ou encore sa trajectoire de distribution. Ne pouvant prendre ce risque, il communique uniquement le bilan carbone de ses rennes, grands producteurs de méthane[1].

1. www.consoglobe.com/etonnant-bilan-carbone-du-pere-noel-cg.

Le 25 décembre est donc désormais signe de pollution atmosphérique, de plastiques en tout genre, d'importations lointaines, de gaspillage alimentaire, de poubelles qui débordent et de dépenses énergétiques. Pour une magie qui dure quelques instants, la facture à payer est lourde pour la planète.

Ainsi, selon les chercheurs, en Angleterre, la fête de Noël représente 650 kg de CO_2 émis par personne, soit le bilan d'un vol entre Paris et New York. En détail, cela représente 26 kg pour la nourriture, 96 kg pour les trajets en voiture, 218 kg pour les lumières décoratives et 310 kg pour les cadeaux[2].

KG DE CO_2 ÉMIS PAR PERSONNE À NOËL

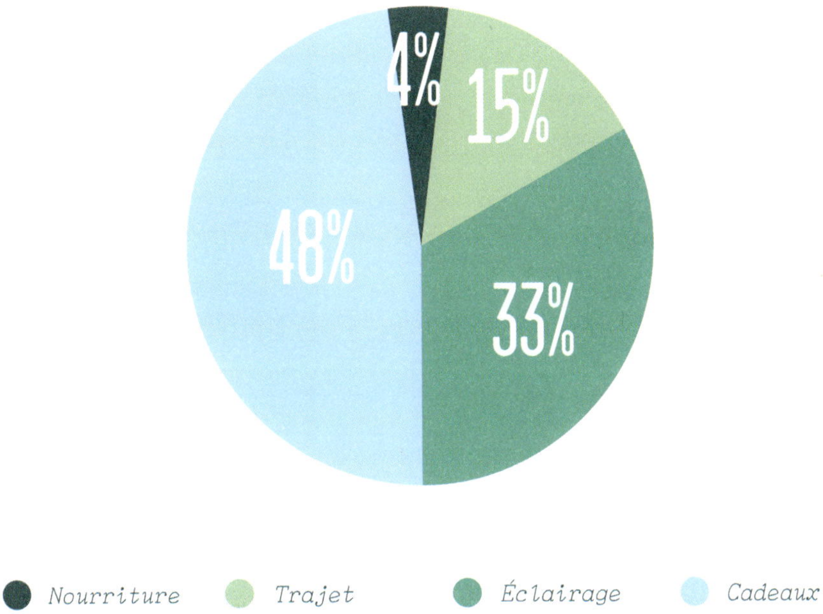

2. www.york.ac.uk/news-and-events/news/2007/carbon-christmas.

L'ORIGINE DE NOËL

L'origine de Noël est souvent à tort réduite à une fête religieuse ou venant des États-Unis. Les célébrations de cette période de l'année, marquée par le solstice d'hiver, remontent si loin qu'il serait difficile de s'accorder sur une date. Le solstice d'hiver correspond à la période où les jours sont les plus courts dans l'hémisphère Nord, traditionnellement autour du 21 décembre. Et ce phénomène est connu depuis bien longtemps, à une époque où l'on vivait encore au rythme du soleil. C'est ainsi que, à cette époque coïncidant avec les températures froides, on a vu naître quantité de mythes et de rites païens. Ceux-ci avaient généralement pour objectif de célébrer le retour des journées les plus longues et du prochain renouveau de la nature, de protéger les futures récoltes, mais aussi de conjurer les mauvais sorts ou d'éloigner les esprits, nombreux à sortir pendant ces nuits sombres...

C'est ainsi que la magie de cette période s'est développée... Et une grande partie de nos traditions contemporaines puisent leurs origines dans de veilles coutumes païennes, protectrices du foyer, des récoltes et de la nature endormie. La place laissée au végétal par le biais du sapin et autre conifère, l'importance des lumières pour éclairer les nuits sombres ou encore le rituel du cadeau, acte de générosité alors que l'on manque de nourriture, correspondent toutes à d'anciennes traditions, que l'on perpétue sans le savoir aujourd'hui.

D'un point de vue historique, les célébrations autour de cette date du solstice d'hiver sont connues dès l'Antiquité. Les Romains célébraient ainsi les Saturnales, en référence à la divinité Saturne, pour marquer la fin d'une période sombre, célébrer le retour de la lumière et la reprise de la consommation du grain stocké. Se développent aussi les étrennes, en hommage à Strenia, déesse de la santé et de la force. Peu à peu, on prend l'habitude d'organiser des banquets, de suspendre les activités publiques et de s'offrir des présents, souvent alimentaires, afin de souhaiter de bonnes récoltes, des naissances ou simplement du bonheur pour le futur printemps. Cette période de festivités, initialement de douze jours, se propage partout en Europe, jusqu'à notre Noël d'aujourd'hui. Les traditions des peuples scandinaves, notamment lors des festivités du solstice d'hiver ou fête de Yule, ont aussi de très nombreuses ressemblances avec nos habitudes du XXIe siècle : sapin, couronne, bougie ou encore bûche de Noël !

L'impact de la religion chrétienne sur ces festivités est évidemment primordial. La date du 25 décembre, qui marque la naissance du Christ, est fixée en 354, en grande partie pour limiter les célébrations païennes, considérées d'un mauvais œil par l'Église. Cependant, paradoxalement, le fait d'avoir fixé une date permet, plus tard, d'installer définitivement le jour de Noël et son personnage le plus emblématique, le père Noël. De nombreuses traditions évoluent au gré des guerres, des invasions ou des religions, à tel point qu'il est complexe

d'en trouver l'origine aujourd'hui. C'est ainsi que le sapin est un symbole qui assure le renouveau de la nature. Or, il évolue entre l'Antiquité, le Moyen Âge, les invasions vikings ou l'influence des peuples germaniques, tous utilisant cet arbre persistant à diverses occasions.
Les célébrations continuent ensuite à travers les époques, variant plus ou moins en fonction des interdictions religieuses, des sensibilités politiques ou des guerres. Cependant, les anciens symboles ont persisté jusqu'à être toujours présents chez nous au XXIe siècle. L'histoire de Noël n'est pas linéaire. Par exemple, devenues peu à peu des cadeaux, les étrennes ont d'abord été offertes en début d'année, puis à la Saint-Nicolas, pour revenir ensuite au 25 décembre.
La fête a également été marquée par les changements fréquents des autorités publiques et religieuses, interdisant ou favorisant à tour de rôle les festivités.
Cependant, la période du solstice d'hiver a toujours été célébrée d'une manière ou d'une autre, avec de nombreux hommages à la nature et à la lumière, ainsi que des rituels porte-bonheur pour l'année à venir. Peu à peu, ces célébrations se sont tournées vers la famille, les enfants et l'importance accordée à la générosité envers les plus démunis. Elles ont subi de nombreuses modifications, notamment depuis le XIXe siècle et le début des immigrations. Les traditions ont ainsi fait des va-et-vient entre les différents pays, à tel point que l'on peine parfois à en retrouver l'origine. Rien qu'en France, chaque région dispose encore de traditions qui lui sont propres et que les familles perpétuent.
Il est évident que l'avènement de la mondialisation -n'a pas simplifié notre rapport à cette fête, jugée désormais trop commerciale. Pourtant, si Noël a résisté à des interdictions religieuses ou politiques, à des déplacements de dates ou à des guerres mondiales, on doit pouvoir le faire survivre au défi écologique qui nous attend !

L'ORIGINE DU PÈRE NOËL

L'image d'un personnage mystérieux, apportant des cadeaux au cœur de l'hiver, est en réalité le fruit d'un joyeux mélange de traditions païennes, chrétiennes et... de l'imagination d'artistes !
Il est quasiment impossible de dater la présence de personnages fantastiques qui apportaient des présents, en majorité aux enfants : lutins, divinités, inventions... Quasiment tous les pays et toutes les traditions possédaient un personnage mystérieux qui offrait des présents autour de lui à l'approche du solstice d'hiver ou de la nouvelle année, avant même l'emprise de la religion chrétienne sur ces fêtes. Et la plupart du temps, ce personnage mêlait joie et austérité, à l'image du célèbre père Fouettard, qui a longtemps accompagné le père Noël.
Peu à peu, l'Église a tenté d'évincer ces personnages païens au profit de la naissance de Jésus. Mais les traditions ont persisté et se sont transformées. Si le nord de l'Europe a façonné saint Nicolas, la Russie célèbre Babouchka, les enfants italiens reçoivent des présents de la sorcière Befana, tandis qu'en Espagne, ils attendent les Rois mages. Or, tous ces personnages sont reliés entre eux par leurs habits, leur monture, le type de présents qu'ils offrent ou l'histoire de leur venue. Il est assez amusant de réaliser combien les histoires de Babouchka ou Befana, toutes deux assimilables à des vieilles femmes, dérivent de l'histoire des Rois mages. La légende raconte que ces deux figures féminines refusèrent d'aider ces derniers à trouver leur chemin vers l'Enfant-Jésus et, prises de remords, partirent dans la nuit pour les retrouver et leur donner des présents. Comme elles ne les trouvaient pas, elles décidèrent de délivrer les cadeaux à tous les enfants sages ! C'est d'ailleurs pourquoi on délivrait auparavant les cadeaux au moment de célébrer la nouvelle année avant que la date de Noël ne s'impose.
Enfin, c'est bien l'image de saint Nicolas qui a le plus participé à élaborer les contours du notre père Noël actuel. Son histoire est liée à la religion chrétienne, puisqu'il s'agirait d'un évêque ayant développé un don particulier pour la générosité, les bonnes actions et les miracles. La légende raconte même qu'il aurait sauvé trois petits enfants d'un boucher décidé à les manger ! Cependant, le plus important pour notre père Noël est bien l'image qu'il se forge peu à peu, laquelle vient de saint Nicolas : un personnage à la barbe blanche, vêtu d'une soutane d'évêque, mauve à l'origine, puis petit à petit rouge et blanche, en référence à la couleur portée par les cardinaux, mais surtout aux couleurs des soutanes revêtues lors de certaines célébrations chrétiennes. Tiens, tiens, un personnage en rouge et blanc, à la barbe blanche...
C'est l'immigration vers les États-Unis qui a transformé les personnages européens, notamment saint Nicolas en Santa Claus, devenu aujourd'hui père Noël. Il y a eu plusieurs allers-retours d'une tradition à l'autre. Ces dernières se sont modifiées, au gré des adaptations entre le continent européen et

le Nouveau Monde. Le costume de Santa Claus est ainsi parfois représenté en vert et toujours sous les traits de Saint-Nicolas, grand et mince.
Deux dates ont joué un rôle important dans la construction du père Noël. En 1823, le pasteur Clement Clarke Moore publie *A visit from St. Nicholas*, dans lequel il établit le passage de saint Nicolas lors de la nuit de Noël, le 24 décembre. Il décrit aussi le personnage comme un bonhomme barbu, rond, guilleret, aux joues roses... C'est ensuite en 1863 que le dessinateur Thomas Nast reprend cette image du père Noël que l'on connaît aujourd'hui et colore définitivement son costume en rouge pour le journal *Harper's Weekly*. Il dessinera ensuite des centaines de dessins sur ce Santa Claus et déterminera même sa résidence au pôle Nord !

Alors pourquoi relier le père Noël au géant du soda américain ? Bien avant les publicités désormais célèbres, le père Noël était déjà représenté sous ses traits actuels. Les grands magasins en faisaient la promotion avec leurs affiches ou leurs catalogues. Pourtant, à l'époque, la diffusion des illustrations n'allait pas aussi vite qu'aujourd'hui. Pendant longtemps, l'Europe a donc gardé des personnages concurrents ou des représentations différentes du célèbre bonhomme Noël. C'est grâce à l'exportation mondiale de la plus célèbre des boissons que la popularité et l'uniformité du portrait du père Noël ont bénéficié d'une accélération incroyable. La première publicité date de 1930, mais c'est l'après-guerre qui a vu exploser les représentations publicitaires du père Noël tel qu'on le connaît aujourd'hui.
Ce personnage de Noël qui amène des cadeaux est donc le résultat de plusieurs centaines d'années d'évolution, où se sont mêlés des traditions païennes, des récits chrétiens et un imaginaire autour de personnages inventés faisant preuve de générosité envers les enfants.

préparer noël

La période de l'Avent est directement héritée de la religion chrétienne. Elle a des origines anciennes, mais sa forme actuelle remonterait au XIVe siècle. Elle débute le quatrième dimanche précédent Noël. À l'origine, elle signifiait jeûne et abstinence, afin de se préparer à accueillir le Christ. Peu à peu, cette pratique a laissé place à d'autres formes de célébrations, plus douces, autour des thèmes de la lumière, du végétal et de la joie. Héritées de l'Allemagne protestante du XIXe siècle, les traditions de l'Avent se sont alors inspirées de très anciennes coutumes païennes, comme la couronne accrochée aux portes et l'utilisation de bougies.
C'est aussi à cette époque qu'est apparu le premier calendrier de l'Avent, composé de 24 fenêtres à ouvrir pour patienter avant Noël. Déjà destiné aux enfants, il ne contenait que des images en lien avec la religion chrétienne. Il a fallu attendre l'après-guerre pour voir fleurir des calendriers avec des images païennes, puis des jouets ou des chocolats.

Aujourd'hui, l'Avent est une période de surconsommation par excellence. On patiente ainsi avant Noël en faisant d'épuisants tours en magasins pour chercher des cadeaux ou composer le repas de fête. Les calendriers de l'Avent sont fabriqués à l'autre bout du monde, avec un chocolat contenant plus de sucre que de cacao. Et, afin de faire attendre les plus impatients, toutes les marques rivalisent d'idées pour créer de nouveaux calendriers. Ces quatre semaines d'attente sont désormais celles où l'on consomme et gaspille le plus dans l'année.

Pourtant, il y a tant d'autres manières de patienter et de faire durer cette magie qui ne revient qu'une fois par an. Il y a bien d'autres histoires derrière cette période de préparation à la venue du père Noël. Et surtout, tous les bons réflexes pour une consommation raisonnable peuvent être pris pendant ces quatre semaines, moment idéal pour devenir un véritable lutin écolo.

LE CALENDRIER de l'avent

L'idée qu'il faut faire patienter les enfants avant Noël est si ancienne qu'il semble impossible de s'en passer. Tradition importée d'Allemagne au XIXe siècle, les calendriers n'étaient pas matérialisés au départ, mais il s'agissait uniquement de les faire patienter avec des images pieuses, représentant des scènes de la religion chrétienne. Peu à peu, on les a dotés des 24 célèbres petites fenêtres.
Le XXIe siècle a signé la fin des calendriers aux images pieuses ou enfantines. Il y a d'abord eu l'ajout de chocolats ou confiseries. Puis, petit à petit, de nouveaux calendriers y ont inclus des jouets.

Aujourd'hui, ces calendriers sont loin d'être insignifiants dans l'impact environnemental de Noël. En 2017, il s'est vendu 11,6 millions de calendriers avec des chocolats et 1,2 million de calendriers avec des jouets[3]. Dans chacun d'entre eux, on retrouve généralement un emballage cartonné et un emballage en plastique, sans compter des petits emballages supplémentaires possibles. Et les jouets ainsi trouvés pendant 24 jours seront sans aucun doute mis de côté à l'arrivée du père Noël. Les calendriers avec des chocolats banalisent un produit luxueux. Non seulement leur composition laisse souvent à désirer, mais les chocolats ne proviennent nullement du commerce équitable, qui représente seulement 1 % des cultures mondiales. Ils sont issus de cultures où les producteurs sont exploités et où l'on croise encore beaucoup d'enfants dans les plantations. Si l'on continue à consommer du chocolat à ce rythme exponentiel, il faudra trouver 6 millions d'hectares de nouvelles terres à cultiver d'ici 2025, alors que le réchauffement climatique menace directement 50 % des plantations de chocolat à travers le monde[4]. Ces 24 petites fenêtres ont donc un petit goût amer…

Sans oublier que, désormais, les calendriers de l'Avent se multiplient pour séduire les adultes. Produits cosmétiques, alimentaires ou autres petits cadeaux se déclinent chez toutes les grandes marques pour que chaque consommateur puisse trouver son bonheur. L'Avent est devenu un Noël avant Noël, augmentant encore le lourd bilan écologique de cette célébration.

3. www.lepoint.fr/economie/noel-le-business-des-calendriers-de-l-avent-29-11-2018-2275390_28.php.
4. www.climateinstitute.org.au/verve/_resources/TCI_A_Brewing_Storm_FINAL_WEB270916.pdf.

PRÉPARER

un calendrier écolo

Il y a heureusement de nombreuses alternatives plus écologiques pour perpétuer cette tradition du calendrier de l'Avent sans exploiter davantage nos ressources.

D'une manière générale, il y existe des centaines de tutoriels pour fabriquer soi-même son calendrier. Il suffit de veiller à éviter d'avoir à faire trop d'achats neufs et de remplir ainsi judicieusement les 24 cases du mois de décembre. À la place des jouets neufs ou du chocolat de mauvaise qualité, il y a tant de choses que les enfants découvriront avec plaisir chaque matin : des livres (et même des livres qu'ils ont déjà souvent oublié au fond d'une étagère), un petit déjeuner différent chaque matin, une pièce ou plusieurs pièces d'un puzzle, une décoration à accrocher dans le sapin, etc.

IDÉES DE MATÉRIEL POUR CRÉER SON CALENDRIER

- petits sachets en papier ou tissu
- enveloppe
- bâton à suspendre
- papier décoré à plier
- boîte d'allumettes
- rouleau de papier toilette

L'ALTERNATIVE ZÉRO DÉCHET

le calendrier immatériel

Le calendrier de l'Avent peut simplement servir à retrouver la sérénité et la joie de cette période si particulière de l'année. Plutôt que d'offrir un cadeau ou un chocolat, pourquoi ne pas créer un calendrier immatériel ? Il suffit d'une boîte ou d'un bocal décoré, dans lequel vous glisserez 24 activités à faire avant Noël.

Il suffit d'adapter les activités en fonction de l'âge des enfants et du matériel disponible. Il existe plein d'alternatives plus simples, comme lire un livre de Noël tous les jours, apprendre une nouvelle chanson de Noël tous les jours, écrire 24 cartes de vœux, etc. L'essentiel est de trouver des idées qui vous permettent de passer plus de temps ensemble. C'est ce qui sert le mieux à faire patienter les enfants !

24

24 IDÉES POUR UN CALENDRIER IMMATÉRIEL

- *faire une soirée pyjama*
- *aller admirer les illuminations dans son quartier*
- *réaliser la couronne de Noël*
- *tester les desserts pour le repas de Noël*
- *fabriquer des cookies pour en donner aux voisins*
- *regarder un film de Noël en famille*
- *organiser une soirée «jeux de société»*
- *écrire des cartes de vœux*
- *faire des sablés de Noël*
- *se balader en forêt pour trouver des décorations*
- *faire un repas «petit déjeuner»*
- *réaliser des bougies dans des clémentines*
- *faire un tour de manège*
- *organiser une soirée «mimes de Noël»*
- *décorer les fenêtres de la maison*
- *danser sur des chansons de Noël*
- *regarder les photos des Noëls précédents*
- *faire une séance photo de Noël*
- *aller à un spectacle de Noël*
- *demander aux parents de raconter leurs souvenirs de Noël*
- *écrire sa lettre au Père Noël*
- *décorer le sapin de Noël*
- *faire des chocolats maison*
- *faire un concours de dessins de Noël*

le calendrier inversé

S'il y a une tradition commune à toutes les époques au moment du solstice d'hiver, c'est bien celle de la générosité. Le mois de décembre étant généralement un mois difficile pour les personnes les plus vulnérables, de nombreuses traditions servaient à créer davantage de solidarité. Les étrennes étaient ainsi généralement offertes au personnel ou aux domestiques, et les présents alimentaires visaient souvent les familles les plus pauvres. Une tradition qu'il serait bon de mettre en avant dès la période de l'Avent, notamment avec l'idée du calendrier inversé.

Le calendrier inversé, c'est tout simple : au lieu de recevoir un chocolat ou un cadeau, vous déposerez dans une boîte un objet par jour à donner. Le 24 décembre, vous aurez 24 objets à donner à une association, à un proche ou à un étranger en difficulté.
Cherchez des objets dont vous n'avez plus l'utilité, mais qui sont encore en bon état, et pensez « utile » : des couvertures, des vêtements (notamment de travail, comme les cravates, les chemises ou les costumes qui dorment dans le placard), des livres et des jouets* sont particulièrement recherchés. Il peut aussi s'agir de dons alimentaires.

N'hésitez pas à faire un calendrier spécifique pour les enfants. Même les plus réticents seront finalement ravis de donner leur boîte remplie de livres ou de jouets pour Noël. Laissez-les choisir en toute autonomie et en fonction de leur âge. Et osez aller le donner à des associations avec vos enfants afin qu'ils concrétisent leur action.
Enfin, pourquoi ne pas organiser un calendrier inversé géant dans votre immeuble ou votre quartier ? Une boîte où chacun pourra y déposer des dons, à donner après Noël ou à laisser dans votre quartier pour les familles dans le besoin.

Exemple d'associations à qui donner : le Secours populaire, l'Armée du Salut, la Croix-Rouge, Emmaüs, La Cravate solidaire, Tissons la Solidarité, les associations des réfugiés... N'hésitez pas à aller voir les centres d'accueil les plus proches de chez vous, les paroisses ou même directement les personnes en difficulté de votre entourage.

**Si vous avez beaucoup de jouets à donner, n'attendez pas décembre. Donnez-les dès le mois de novembre aux associations pour qu'ils les aient le temps de les distribuer à Noël.*

L'ALTERNATIVE RIGOLOTE

le calendrier du lutin

Il existe une tradition québécoise parfaite pour faire un calendrier de l'Avent rigolo et sans augmenter l'impact environnemental de Noël : le lutin de Noël qui fait des bêtises !

Au Québec, un mois avant Noël, le père Noël libère ses lutins qui ont bien travaillé. Il est alors possible d'attraper un lutin en l'attirant dans une boîte à chaussures avec des sucreries – le père Noël me précise qu'ils adorent aussi les cookies.

Le lutin ainsi capturé pourra passer le mois de décembre dans sa nouvelle famille, mais il devra être laissé au pied du sapin, le 24 décembre au soir, pour que le père Noël puisse le ramener au pôle Nord. En attendant, le lutin est un petit farceur, et il faudra bien le surveiller ! Tous les soirs, quand les enfants dorment (et seulement s'ils dorment !), le lutin se réveille et fait une bêtise ! Chaque matin, les enfants doivent découvrir celle-ci et remettre le lutin dans sa boîte près du sapin.
Il ne reste plus qu'à trouver un petit lutin en peluche et à réfléchir à 24 bêtises ! On trouve des petites peluches de lutins un peu partout au moment de Noël, mais vous pouvez bien sûr adapter la tradition en adoptant une des peluches de l'enfant ou un petit personnage de décoration du sapin.

QUELQUES IDÉES RIGOLOTES

- glisser le lutin dans le sapin
- le mettre un bol de céréales
- lui faire dérouler le papier WC !
- le cacher dans une plante
- lui faire enlever des livres de la bibliothèque
- le coincer dans une tasse
- le mettre dans une casserole avec des légumes
- le cacher dans une maison de poupée

PRÉPARER

LA COURONNE de l'avent

La couronne de l'Avent, désormais appelée couronne de Noël, est l'une des traditions les plus anciennes des fêtes d'hiver. Avant même qu'elle ne soit utilisée par la religion chrétienne pour symboliser les quatre semaines de l'Avent, elle était déjà présente dans les foyers, souvent composée à base de branches de conifères.

Pourtant aujourd'hui, on voit de plus en plus des couronnes en plastique, la plupart du temps en polyéthylène, achetées d'année en année. Elles viennent du bout du monde et ne seront pas recyclées. Il est alors vraiment paradoxal d'installer une couronne célébrant le renouveau de la nature avec un objet en plastique et au bilan carbone déplorable...

Traditionnellement, la couronne de l'Avent était composée de quatre bougies, marquant les quatre dimanches précédant le jour de Noël. Désormais, les bougies sont remplacées par des éclairages électriques pour éviter tout accident. Et quand elles sont encore décorées de bougies, ces dernières sont en majorité composées de cire minérale, de colorants et de parfums chimiques et libèrent ainsi quantité de composants toxiques dans l'air déjà pollué de nos intérieurs. Pourtant, il est si simple de perpétuer cette tradition de la couronne et des bougies en limitant son empreinte écologique.

TUTORIEL

couronne traditionnelle de l'avent

MATÉRIEL

- un cercle (en fil de fer, avec un vieux cintre arrondi, en paille...)
- des branches de sapin (entre 15 et 30 cm)
- du raphia ou du fil de fer

ÉTAPES

- Posez votre cercle devant vous.
- Disposez vos branches tout autour du cercle, en les superposant pour avoir une forme harmonieuse. Attachez-les à l'aide de raphia ou de fil de fer à plusieurs endroits de votre couronne.
- Vérifiez que toutes les branches tiennent et attacher un ruban en haut pour l'accrocher.
- Pour une couronne plus minimaliste, fixez chaque branche une à une, à l'aide du fil de fer, sur la moitié de votre cercle. Vous utiliserez moins de branches de sapin pour un effet plus épuré.
- Vous pouvez ensuite décorer votre couronne avec des pommes de pin, à fixer avec du fil de fer, des rubans, des petites décorations...

idées à piocher pour des couronnes écolos

POUR RÉALISER UN SUPPORT À COURONNE :

- une couronne recouverte de paille à réutiliser
- un cercle en métal ou un cercle à broder en bois
- un vieux cintre en métal à arrondir
- une couronne en biscuit de Noël (recette p. 84)
- un carton à découper et à évider pour former un cercle
- du fil de fer

Évidemment, vous pouvez vous passer de cercle si vous collez entre eux des objets de décoration ou de récupération en rond : des bouchons en liège, des pompons, des anciennes boules de Noël...

POUR LA DÉCORATION DE LA COURONNE :

- chutes de tissus, de rubans ou de laine
- pompons à fabriquer
- boules de Noël
- branches de sapins ou autres conifères
- branches de houx, d'eucalyptus ou d'oliviers
- perles, petits objets à accrocher, boutons solitaires...
- pommes de pin, bâtons de cannelle, rondelles séchées d'agrumes
- petits sablés de Noël
- raphia, corde ou fil de fer pour accrocher vos décorations

ASTUCE POUR COMPOSER UNE JOLIE COURONNE :

choisir une seule couleur ou une gamme de couleurs. Vous pouvez opter pour le traditionnel rouge/vert/blanc, mais aussi réaliser une couronne toute blanche ou dans des tons plus naturels.

HISTOIRE DE LA COURONNE

La couronne de Noël est sans aucun doute un des éléments les plus emblématiques de Noël. Accrochée aux portes, elle servait autrefois à poser les bougies de l'Avent. Elle accueille aussi les visiteurs, et on ne compte plus les *Do it yourself* (DIY) pour fabriquer sa couronne.

En vérité, la couronne est un des symboles les plus forts qui relient l'histoire des fêtes de décembre à la célébration de Noël. Les historiens ont trouvé des traces de la couronne dès l'Antiquité. Symbole de la nature, celle-ci s'est développée chez les Romains pour célébrer le solstice d'hiver et faire entrer la nature dans la maison. On accrochait des branches, de préférence d'arbres persistants comme le sapin, à l'intérieur des maisons et des bâtiments pour réveiller la nature endormie en ce mois de longues nuits. Petit à petit, c'est la forme de la roue qui s'est imposée, le rond étant le symbole du soleil, de la lune, du cycle de la nature…

Fort symbole païen, la couronne a pourtant trouvé sa place dans la tradition chrétienne en devenant le support des quatre bougies de l'Avent et un symbole de générosité, marquant ainsi les maisons dans lesquelles chacun était le bienvenu à table pendant cette période.

Aujourd'hui, elle reste une décoration importante de Noël. Elle est encore garnie des quatre bougies dans certaines régions.

TUTORIEL

faire ses bougies de l'avent

S'il n'est désormais pas recommandé d'accrocher des bougies à sa couronne, rien ne vous empêche de poser à plat votre couronne ou de mettre à part les quatre bougies symboliques de l'Avent.
En dehors de la tradition chrétienne, la bougie a une place à part dans les célébrations de Noël. Symbole de la lumière et du retour du soleil, les quatre bougies peuvent aussi être une très jolie façon de patienter jusqu'au 25 décembre.
Néanmoins, l'impact environnemental des bougies est loin d'être anodin. Pour éviter de trop polluer votre intérieur et de limiter les composants toxiques, privilégiez les bougies en cire d'abeille ou végétale et limitez leur durée de combustion, en veillant à toujours aérer.
Il existe désormais beaucoup de marques proposant des bougies de qualité, fabriquées en France et de manière artisanale. Mais vous pouvez aussi réaliser vos propres bougies de l'Avent – et une activité à mettre dans le calendrier immatériel p. 22 ! N'hésitez pas à en faire un peu plus pour les offrir à Noël.

MATÉRIEL

- 4 petits bocaux de récupération
- 400 g de cire de soja (à ajuster en fonction de la taille de vos bocaux)
- 4 mèches en coton et leurs supports
- un récipient ou un sachet pour le bain-marie
- des baguettes ou des pinces à linge
- 15 gouttes d'huile essentielle de cannelle
- 15 gouttes d'huile essentielle d'orange
- des bâtons de cannelle ou d'anis étoilé pour la décoration (facultatif)

ASTUCE POUR FAIRE DURER SA BOUGIE

toujours l'allumer pour une durée d'une heure au minimum et couper régulièrement la mèche.

ÉTAPES

* Allumez le feu et placez la cire dans un récipient d'eau pour un bain-marie, afin de la faire fondre doucement. Retirez du feu, laissez refroidir quelques minutes et ajoutez les huiles essentielles. Trempez le support à mèche dans la cire pour le placer au fond du pot – vous pouvez aussi utiliser de la colle. Faites tenir la mèche entre deux baguettes ou avec une pince à linge et coulez la cire dans les pots.

* Quand la cire a pris une couleur un peu plus blanche, disposez vos décorations en les enfonçant légèrement. Laissez refroidir 48 heures avant d'allumer la bougie.

L'ORGANISATION
d'un lutin écolo

La période de l'Avent est sans aucun doute celle où l'on consomme le plus. Tous les magasins rivalisent d'ingéniosité pour vous faire craquer pour une nouvelle décoration, des cadeaux non prévus ou d'autres objets éphémères. La période des achats ne cesse d'ailleurs de s'étirer, commençant désormais juste après les vacances de la Toussaint. Et alors que c'est déjà une période de l'année où les dépenses sont inévitables, tout est fait pour que vous consommiez encore davantage.

Si la plus grande partie du budget est consacrée aux cadeaux et au repas, il y a encore quantité d'achats de décoration de dernière minute qui pourraient être évités ! Et pour arriver à concilier les festivités avec l'écologie, il faut gagner en organisation quelques semaines avant Noël.

Les lutins du père Noël ont depuis longtemps adopté de bonnes habitudes afin de s'organiser au mieux pour ne jamais être en retard le 24 décembre. Pour vous éviter de succomber à des achats inutiles, ils ont accepté de partager leurs meilleures astuces.

LES ASTUCES
minimalistes des lutins

Les lutins gèrent la logistique des cadeaux depuis des milliers années mais peu de personnes savent qu'ils s'occupent aussi de la décoration de la maison de père Noël, de l'atelier de fabrication ou encore de la grange des rennes. Ils feraient alors pâlir tous les pros de l'organisation ! Heureusement, ils ont des astuces toutes simples pour mieux s'organiser à Noël et éviter ainsi les dépenses inutiles.

1

CONSERVER

C'est la première des règles de l'organisation de Noël. La grande majorité des décorations peuvent se garder très longtemps et se transmettre à chaque génération. Il faut alors en prendre soin au moment du rangement. Nettoyez légèrement les décorations et rangez-les dans des boîtes fermées, en protégeant les décorations les plus fragiles avec du papier journal. Veillez à séparer les suspensions du sapin qui ont tendance à s'emmêler dans la boîte et à s'abîmer. Démêlez vos guirlandes, repliez vos tissus... Bref, prenez le temps de tout ranger correctement afin de faire durer au maximum vos décorations.
Les lutins ont même créé une fête du rangement pour que le moment soit plus convivial, à vous de prendre exemple pour éviter le blues de la fin des fêtes !

2

DÉTOURNER

Il y a quantité d'objets chez vous qui peuvent faire de chouettes décorations de Noël, des emballages cadeaux, des cartes de vœux ou des suspensions pour le sapin. Cherchez sur les sites Internet et les blogs pour trouver de l'inspiration en upcycling – ou l'art de détourner l'existant. Des petites boîtes, des bouchons de lièges, des bâtons de glace, du papier journal, des bocaux en tout genre, des chutes de tissus ou de laine... Vous avez sans doute bien plus de possibilité chez vous que vous ne pouvez l'imaginer !
Et pour trouver ce qu'il vous manque, le meilleur supermarché reste la nature : pommes de pin, épines de sapin, branches diverses, mousses, petits bois...

3

PLANIFIER

Pour ne pas céder aux sirènes de la surconsommation, la meilleure astuce demeure de s'organiser au mieux. On finit généralement par acheter des décorations, des calendriers au chocolat ou des emballages métallisés parce qu'on manque de temps.
Or, il suffit de s'organiser un peu mieux et d'arrêter de voir cela comme une perte de temps. Ne vous lancez pas dans un planning millimétré, mais choisissez une chose que vous voulez éviter d'acheter et évaluez le temps de préparation nécessaire.
Ainsi, vous découvrirez vite que, comme chez les lutins, le mois le plus consacré à Noël est finalement le mois de novembre, celui qui permet de préparer les décorations, les emballages cadeaux ou le calendrier de l'Avent.

MA LISTE
pour un noël écolo

LE NÉCESSAIRE POUR UN NOËL ÉCOLO

- ◯ *Raphia, fil de fer, ruban*
- ◯ *Branches végétales (sapin, houx, olivier...)*
- ◯ *Pommes de pin*
- ◯ *Boutons, grelots, perles, petites décorations*
- ◯ *Peinture, colle, paillettes*
- ◯ *Tissus de toutes les tailles*
- ◯ *Boîtes, bocaux et petits récipients réutilisables*
- ◯ *Feutrine, papier décoré, chute de laine*
- ◯ *Rouleaux de papier toilette, carton*

PLANNING DU NOËL ÉCOLO

6 semaines avant Noël
Choisir le calendrier de l'Avent et réunir le matériel nécessaire

5 semaines avant Noël
Réaliser la couronne et les bougies de l'Avent
Vérifier les décorations manquantes et trouver des alternatives écolos à faire
Chercher un producteur de sapin naturel près de chez vous
Vérifier vos guirlandes lumineuses

4 semaines avant Noël
Installer le calendrier, la couronne et le sapin
Réaliser des décorations à suspendre en pâte à sel ou en biscuit
Trouver une tenue pour Noël

3 semaines avant Noël
Décorer vos fenêtres
Réunir les emballages pour vos cadeaux (papier, journaux, tissus)

2 semaines avant Noël
Faire le menu de Noël et la liste des courses
Réaliser les cadeaux de Noël maison et réserver les cadeaux immatériels
Emballer vos cadeaux

1 semaine avant Noël
Réunir la décoration de votre table de Noël
Faire le planning en cuisine
Aller au marché et chez vos producteurs pour les courses
Envoyer vos cartes de vœux

ASTUCE POUR ÉVITER LA SURCONSOMMATION

vérifiez assez tôt ce dont vous avez besoin et évitez au maximum les magasins.

décorer à noël

Les décorations de Noël sont aussi anciennes que l'ensemble de nos traditions. Il n'y a pas de Noël sans sapin, sans guirlandes, ni boules en verre, ni sucres d'orge. Depuis les festivités du solstice d'hiver sous l'Antiquité, elles sont chargées d'histoire et de symboles. Les gestes que l'on répète inlassablement chaque année ont déjà été effectués des milliers d'années auparavant, pour diverses raisons : célébrer la nature, éloigner les mauvais esprits, exprimer la foi chrétienne ou simplement par superstition.

Aujourd'hui, ces gestes et ces décorations n'ont plus qu'un aspect commercial et éphémère. Les grands magasins poussent à renouveler les décorations chaque année et il y a encore peu d'efforts fournis du point de vue écologique dans la fabrication de tous ces objets mythiques chez nous. Le plastique a remplacé le bois, le verre ou le végétal, les décorations ne se transmettent plus de génération en génération et plus personne ne se soucie de savoir pourquoi on installe un sapin dans nos intérieurs. Les achats ne sont pas forcément réfléchis en fonction de leur durabilité ou de leur lieu de production. L'explosion de la vente en ligne a évidemment compliqué nos choix : toutes les décorations sont à portée de main, rapidement et à moindre coût. Parmi toutes, le sapin est celui qui aura le plus d'impact environnemental en fonction de votre choix, mais il est important de revoir notre rapport global à la décoration de Noël.

Des achats utilisés quelques jours dans l'année auront toujours un mauvais bilan carbone. C'est pourquoi il ne faut pas minimiser les choix que l'on fait pour la décoration. Et peut-être qu'en en apprenant un peu plus sur leur symbolique, on apprendra à chérir nos objets de Noël et à passer un Noël... presque sans achats de décoration.

LE SAPIN
de noël

Impossible de faire l'impasse sur un sapin à Noël. Il incarne parfaitement cette fête, s'installe chez les particuliers, mais aussi dans les grands magasins ou sur les places publiques. Il y a les partisans des sapins naturels et ceux qui préfèrent les sapins artificiels. Il y a ceux qui ne jurent que par une décoration traditionnelle en rouge et en vert, et d'autres qui font preuve d'originalité avec du bleu ou du rose. Il y a la première boule de Noël achetée pour la naissance d'un bébé et les décorations qui se transmettent de génération en génération.

La question de l'empreinte écologique du sapin de Noël a mis du temps à être médiatisée, comme si on ne voulait pas vraiment savoir les conséquences de notre amour pour cet arbre toujours vert et, surtout, qu'on ne voulait pas être obligé de s'en passer. Néanmoins, 6 millions de sapins sont vendus chaque année en France, dont 5 millions de sapins naturels, et il est essentiel de comprendre l'impact de nos choix en la matière. Le sujet nous divise généralement et subit encore de nombreux préjugés.

Il n'est pas si simple d'évaluer le « meilleur choix » écologique en termes de sapin. À première vue, un sapin artificiel a l'inconvénient d'être composé de plastique et d'être ainsi polluant dès sa fabrication. De plus, une fois trop vieux, il se transformera en déchet non recyclable. Le sapin naturel, lui, subit l'image violente de l'arbre coupé pour un usage éphémère. En effet, il est impossible de penser que les 5 millions de sapins vendus en France chaque année proviennent d'une forêt naturelle. Ils sont donc cultivés comme une variété agricole, occupant ainsi des terres agricoles pour une célébration festive. Le choix est alors cornélien ! Faut-il privilégier un sapin naturel, quitte à l'arracher à la terre pour quelques semaines, ou un sapin artificiel durable, mais composé de plastique ?

l'histoire du sapin de noël

Le sapin demeure la tradition païenne la plus célèbre aujourd'hui. L'épicéa, symbole du renouveau de la nature, faisait déjà partie de certains rites du solstice d'hiver chez les peuples scandinaves, notamment lors de la fête de Yule (Jul). L'utilisation du sapin s'est diffusée en France au Moyen Âge grâce à ses épines persistantes, qui évoquaient la renaissance à venir de la nature endormie. La religion chrétienne a rapidement repris cette tradition, le sapin symbolisant l'arbre du paradis. Cependant, on n'utilisait généralement que ses branches, ou l'on décorait un grand sapin sur la place du village, notamment avec des pommes – symbole du fruit défendu.

La coutume d'installer un sapin pour les fêtes de fin d'année s'est particulièrement développée en Alsace. À tel point que, dès le XVe siècle, certaines forêts étaient protégées afin d'éviter les coupes abusives de sapins trop petits ! On retrouve d'ailleurs les premières mentions précises d'un « sapin de Noël » en 1521, en Alsace. Le sapin de Noël s'est aussi beaucoup étendu dans les pays à tradition protestante, en réaction contre l'essor des crèches encouragé par l'Église catholique.

Il s'installe pour la première fois en France grâce à Marie Leszczynska, épouse de Louis XV. Ayant vécu en Alsace, elle souhaite retrouver la tradition du sapin de Noël et fait installer le tout premier en intérieur à Versailles, en 1738. La tradition se généralisera après la guerre de 1870 et l'émigration importante d'Alsaciens et de Lorrains à Paris.

La majorité du pays sera conquis par le sapin de Noël après la Seconde Guerre mondiale, où il entrera dans le domicile de tous les Français.

le cycle de vie du sapin de noël

Pour connaître les conséquences globales de la tradition du sapin de Noël sur l'environnement, il faut prendre en compte l'ensemble de son cycle de vie. De sa production à son transport en passant par son sort en fin de vie, le sapin bouleverse évidemment notre écosystème, qu'il soit naturel ou artificiel.

La principale étude réalisée sur les sapins de Noël s'est portée sur leur cycle de vie. C'est une méthode d'analyse du développement durable qui a permis de prendre en compte l'ensemble des impacts environnementaux d'un produit, de sa conception à sa fin de vie. Et elle est générale, c'est-à-dire qu'elle prend en compte la santé humaine, l'épuisement des ressources, les émissions de CO_2, etc.

Cette analyse a été menée par Ellipsos, un cabinet de conseil en développement durable canadien[5]. Elle portait sur un sapin artificiel gardé 6 ans (la moyenne en Amérique du Nord) et un sapin naturel faisant 150 km de transport. La conclusion est sans appel : le sapin naturel est plus écologique que le sapin artificiel.

Bien que le sapin naturel subisse l'image déplorable d'un arbre arraché de la forêt, le sapin artificiel demeure le plus préjudiciable pour l'environnement et votre santé. Ce dernier est d'abord un charmant cocktail de plastique, d'aluminium, de peintures toxiques, mais surtout de composés volatiles, ou encore de microparticules de plomb contenus dans les fausses épines. Bref, rien de très sympathique à respirer pendant 1 mois au minimum !

La plus grande différence entre les deux sapins se fait au niveau des émissions de CO_2. Alors qu'un sapin naturel participe à la captation du CO_2 comme tous les végétaux, le sapin artificiel ne fait qu'augmenter les émissions de CO_2. Ainsi, en moyenne, le sapin naturel génère 3 kg de CO_2 contre 8 kg en moyenne par an pour un sapin artificiel, ce qui correspond à un trajet en voiture de classe moyenne de 125 km à 322 km[6]. En France, les chiffres doivent être néanmoins nuancés, puisque la majorité des sapins artificiels sont fabriqués en Asie, alors que nos sapins naturels proviennent de cultures locales. La seule manière de rétablir le mauvais bilan du sapin artificiel est alors de le conserver au minimum 20 ans, mais cela n'enlèvera en rien la pollution intérieure qu'il causera chez vous.

5. Étude Ellipsos : Comparative LCA of artificial v. natural Christmas tree.
6. mktg.factosoft.com/consoglobe/image-upload/img/SAPINS-DE-NOEL-by-consoGlobe3.pdf.

Le sapin artificiel génère 8 kg de CO_2

Le sapin naturel génère 3 kg de CO_2

la culture du sapin de noël en france

Contrairement aux idées reçues, la culture du sapin de Noël est agricole, comme celle de nos vignes. Ceux vendus en France ne proviennent pas de forêts, mais en majorité de cultures dédiées. Par ailleurs, le sapin est une espèce calcifuge, c'est-à-dire qu'il n'aime pas le calcaire. Il pousse alors essentiellement dans des régions semi-montagnardes et sur des terrains peu fertiles. Il n'y a donc pas de concurrence dans l'utilisation des terres, qui ne sont généralement pas aptes à accueillir des cultures à vocation alimentaire. C'est ainsi que l'on retrouve une grande majorité des producteurs dans le Morvan, la Bretagne ou les Alpes. La variété la plus cultivée est aujourd'hui le sapin Nordmann, dont le marché ne cesse de progresser en raison de ses épines persistantes, appréciées par les consommateurs. L'épicéa représente donc désormais moins de 20 % du marché, et d'autres espèces plus confidentielles continuent d'être plantées dans certaines régions.

L'image du sapin poussant naturellement en forêt et coupé à l'approche de Noël est complètement erronée. Les sapins sont cultivés selon des méthodes conventionnelles ou des démarches plus responsables, comme l'agriculture biologique ou diverses certifications. Il ne s'agit nullement de créer une forêt, puisque les sapins ont une durée de vie maximale de 10 ans. En effet, on ne provoque pas une acidification des sols, comme en forêt. Et, à l'instar de toute agriculture, les producteurs pratiquent en général la rotation des cultures et les cultures intercalaires avec des engrais verts, afin de fertiliser le sol.

Ainsi, on devrait acheter son sapin comme on achète ses fleurs ou ses légumes : en fonction de leur lieu de production et des méthodes de culture les plus responsables possibles.

LES REPÈRES : on cherche les indications géographiques des marques comme Légende du Morvan, Morvan, Nature et Talents, Marque Savoie, le label Plante bleue ou encore Le label rouge, ou les sapins issus de l'agriculture biologique. Pour plus d'informations : voir le site de l'Association française des sapins de Noël naturels.

choisir et entretenir son sapin de noël

Acheter un sapin naturel, c'est comme acheter un bouquet de fleur : l'arbre est coupé, il a donc besoin d'eau pour durer le plus longtemps possible. Installez votre sapin dans un support avec une réserve d'eau ou dans un simple cache-pot rempli d'eau. Veillez aussi à l'éloigner au maximum de vos radiateurs, sous peine de trop chauffer ses épines.

Après Noël, l'avantage principal du sapin naturel est qu'il est bien revalorisé en France. Des nombreux points de collectes sont disponibles dans chaque ville et permettent de lui donner une deuxième vie. En fonction des lieux, il sera ainsi composté, transformé en broyat ou valorisé du point de vue énergétique. À la maison, vous pouvez aussi le broyer pour l'utiliser en paillis au potager, par exemple.

et le sapin naturel en pot alors ?

Certains producteurs vendent encore des sapins en pot et des entreprises proposent même des services de location de sapin de Noël. Cependant, un sapin n'est naturellement apte à survivre en intérieur. Il aura ainsi des difficultés à se réadapter à l'extérieur. C'est un peu comme si vous rentriez un petit chêne pendant quelques jours chez vous... Et les nombreux transports des services de location ajoutent encore des émissions de CO_2 au bilan carbone du sapin. Quand a l'idée séduisante de planter votre sapin au jardin, n'oubliez pas qu'un sapin qui s'épanouit peut mesurer jusqu'à 30 m – un de mes premiers sapins de Noël atteint désormais les 30 m dans le jardin de nos amis, près de 30 ans après ! Si l'idée vous séduit toujours, pensez à acclimater progressivement le sapin et à limiter son temps en intérieur.

Il y a encore beaucoup de travail à faire sur l'imaginaire des sapins naturels coupés et notre difficulté à accepter ce geste. Pourtant, d'un point de vue écologique, préférer un sapin artificiel durable ne se vérifie pas et, tant qu'à vouloir faire perdurer cette tradition, autant voir l'achat d'un sapin comme celui d'un gros bouquet de fleurs éphémères.

un sapin alternatif

Pour tous ceux qui ne sont pas attachés à la forme traditionnelle du sapin de Noël, il existe désormais plein d'alternatives pour conserver uniquement cet emblème en version plus durable.

UNE PLANTE VERTE

Vous avez une grande plante verte dans votre salon ? Vous pouvez tout à fait l'utiliser comme sapin et lui donner un air de fête avec quelques guirlandes maison.

UNE DÉCORATION MURALE

Pour les plus petits espaces, un très joli sapin pourra se former sur un mur grâce à une décoration murale : du masking-tape, des boules de sapin accrochés avec des punaises ou une guirlande électrique accrochée en forme de sapin. Pour éviter les trous au mur, il suffit d'accrocher le tout sur une planche récupérée.

UN SAPIN EN BOIS

On trouve de nombreux tutoriels pour faire un sapin grâce à des tasseaux ou à des palettes de récupération.

LES GUIRLANDES lumineuses

Noël rime souvent avec lumière. La raison est simple : il s'agit d'éclairer les jours les plus courts et les plus sombres de l'année. C'est même une des traditions les plus courantes à cette période. Dans le Nord, on ajoute une bougie à la couronne, chaque dimanche de l'Avent. Dans la religion chrétienne, on met une bougie à sa fenêtre pour guider Marie et Joseph sur leur route. La religion juive célèbre Hanoukka, fête des Lumières, en allumant les huit lumières, soir après soir. On pourrait aussi y ajouter la Sainte-Lucie, célébrée de manière différente selon les endroits, mais toujours en lien avec la lumière. Les lumières à Noël servent à nous « guider », que ce soit dans un esprit religieux ou selon des rites païens.

Or, d'une manière générale, la lumière célèbre le passage à l'hiver, sert à compenser les longues nuits qui arrivent et tout ce qui est associé aux ténèbres. Elle participe à illuminer les villes et les maisons, à égayer un mois qui n'aurait pas le même visage sans ces traditions.

Pourtant, on ne peut plus nier que l'abondance de lumières devrait être mise en perspective avec les problèmes écologiques, sur le plan de la biodiversité ou de la santé humaine. L'impact environnemental des lumières dans nos villes est relativement connu et pourtant rarement abordé. Leur importance dérègle l'alternance nuit/jour nécessaire à l'ensemble de la biodiversité, nous y compris. Cette problématique concerne en priorité les lumières aménagées par nos collectivités, mais aussi les guirlandes installées à l'extérieur des maisons.

En matière de consommation énergétique, les guirlandes alourdissent considérablement les dépenses électriques. L'Agence de l'environnement et de la maîtrise de l'énergie (ADEME) a calculé la consommation moyenne pour une décoration lumineuse, intérieure et extérieure, sur la base d'une puissance totale de 331 W[7]. En restant allumées 4 heures par jour, ces guirlandes consomment 39,7 kWh et représentent ainsi à elles seules la consommation d'un mois et demi d'éclairage du logement. Et si vous oubliez vos guirlandes pendant une dizaine de nuits, la consommation passe à 66,2 kWh, soit trois mois d'éclairage de votre logement. Il y a pourtant des gestes simples pour limiter l'empreinte écologique de l'éclairage pour les fêtes.

des guirlandes écolos

Premièrement, on peut opter pour les guirlandes d'ampoules à LED. Il existe même des guirlandes solaires qui disposent désormais d'une bonne autonomie. Deuxièmement, on limite le temps d'éclairage en évitant de les allumer en journée et en les éteignant rapidement le soir, notamment pour les guirlandes extérieures. Vous pouvez trouver des guirlandes avec des minuteurs pour éviter les oublis.

Troisièmement, on choisit moins, mais mieux. De bonne qualité évidemment, mais surtout en moins grande quantité. Promis, le père Noël peut trouver son chemin sans piste d'atterrissage dans votre maison ! Enfin, pourquoi ne pas fabriquer vos propres guirlandes brillantes sans consommation d'énergie ? Vous trouverez de nombreux tutoriels sur Internet.

QUELQUES IDÉES

- guirlande de pommes de pin
- guirlande de formes de Noël découpées dans du papier journal, du papier décoré, des vieilles cartes ou des partitions de musique
- guirlande de feuilles recouvertes de paillettes
- guirlande de pompons avec des restes de laine
- guirlande avec des rubans et des fils brillants

LES DÉCORATIONS

Les décorations de Noël font partie intégrante du folklore et, bien souvent, des traditions régionales ou familiales. On oublie généralement qu'il y a une histoire derrière nos boules de Noël et nos sujets distillés partout dans la maison.

Si elles ne représentent pas la majeure partie de notre budget, elles s'accumulent tout autant et terminent en tristes déchets sans aucune utilité. Elles sont majoritairement fabriquées sans respecter les ressources naturelles ni même les conditions de travail dans certains pays. Pourtant, la tendance des décorations naturelles ne cesse de grandir. Or, plutôt que d'utiliser ce que l'on trouve autour de nous, les magasins rivalisent d'ingéniosité pour vendre des pommes de pin, des branches de sapin en plastique ou des rondelles d'orange séchées. Les nouvelles collections se succèdent chaque année, il y a désormais une « mode » pour la décoration de Noël qui pousse le consommateur à racheter des boules et des guirlandes d'année en année.

Cette décoration est pourtant chargée d'histoire et de symboles en lien avec la nature. Il est drôlement dommage d'en faire un achat d'objets en plastique fabriqués à l'autre bout du monde !

histoire de quelques décorations mythiques

Dès l'apparition des premiers sapins, les gens ont commencé à y accrocher des objets, toujours naturels et souvent en lien avec le rite qu'ils accomplissaient. Peu à peu, sous l'influence de la religion catholique, le sapin est devenu le symbole du paradis et a ainsi été décoré de pommes, fruit mythique d'Adam et Ève.

La légende raconte que c'est une mauvaise récolte de pommes qui poussa un souffleur de verre, vers 1858 à Goetzenbruck, à imiter les formes de pommes en soufflant des boules de verre. La tradition se répandit peu à peu, faisant même la renommée de ce petit village de Lorraine.

La traditionnelle chaussette de Noël proviendrait, quant à elle, du Royaume-Uni. L'histoire raconte qu'une famille pauvre découvrit un sac d'or, déposé anonymement par saint Nicolas, dans des chaussettes suspendues à la fenêtre le soir de Noël.

C'est au XIXe siècle qu'une araignée tissa sa toile dans un sapin, ce qui permit au père Noël d'accrocher plus facilement les friandises pour les enfants. Pour la remercier, il changea la toile en fils d'or et d'argent. Ce n'est qu'en 1882 qu'Edward Hibberd inventa la première guirlande lumineuse à New York, dans un des rares quartiers bénéficiant de l'électricité.

Dans la religion catholique, l'installation des crèches dans les églises était déjà relativement courante au XVIIe siècle. Cependant, il fallut attendre la révolution française de 1789 et l'interdiction de représenter en public des scènes religieuses pour qu'elles se développassent au sein des maisons. L'artisanat créa rapidement toute sorte de personnages inspirés de la vie locale, souvent très différents d'une région à une autre. C'est néanmoins la crèche provençale qui eut le plus de succès, par le biais des célèbres santons en argile.

fabriquer ses décorations

Noël est représenté par une foule de petits personnages, d'animaux ou d'objets : un père Noël, des rennes, du houx, des étoiles ou encore des bonshommes en pain d'épice. Si vous comptez en acheter, orientez-vous vers des objets de qualité, en porcelaine ou en bois, et veillez à les conserver correctement (voir p. 33). Pour ceux qui veulent faire perdurer la tradition de la crèche, optez pour des personnages de qualité et ne changez pas tous les ans de déco. Par exemple, les santons de Provence sont en argile et garantis sans plomb, sans plastique et sans plâtre.

Et il existe tellement d'autres possibilités pour fabriquer vous-même vos petits objets ! Cela vous coûtera bien moins cher et vous pourrez même en faire une activité du calendrier de l'Avent avec les enfants.

N'oubliez pas non plus l'étendue des possibilités offertes par la nature comme les branches de sapin, le houx, les pommes de pin, mais également des rubans ou du raphia naturel. Vous pouvez aussi facilement détourner des confiseries de Noël comme les sucres d'orge ou les bonshommes en pain d'épice.

LES IDÉES DÉCO FACILES

La pâte à sel
- 2 verres de farine
- 1 verre de sel fin
- de l'eau tiède

Mélangez la farine avec le sel et ajoutez petit à petit l'eau pour obtenir une pâte souple. Façonnez vos personnages et laissez sécher 12 heures à l'air libre. Faites cuire ensuite au four, à 100 °C au maximum. La durée dépend de la taille de vos objets. Ceux-ci doivent être parfaitement durs à la sortie du four. Libre à vous de les décorer ensuite avec de la peinture.

Les oranges séchées
Coupez des rondelles d'oranges de 5 mm maximum et étalez-les sur une plaque de four. Faites sécher à 100 °C pendant 2 heures environ, en les retournant à mi-parcours. Vous pouvez aussi les faire sécher sur un radiateur chaud pendant quelques heures.

Les pommes de pin décorées
- des pommes de pin
- du fil de fer ou un lien
- des décorations : petits pompons, paillettes, perles...

Collez vos décorations sur les pommes de pin et accrochez-les avec un fil de fer au sapin.

ET AUSSI... la recette des biscuits de Noël (voir p. 84).

décoration de fenêtre

Autrefois, on décorait essentiellement ses fenêtres avec des bougies. Désormais, il est d'usage de dessiner des motifs et des décorations dans l'esprit de Noël sur les vitres. Les magasins ont ainsi commercialisé des stickers à coller ou l'indispensable « neige artificielle » que l'on retrouve partout. Pourtant, ces aérosols contiennent quantité de produits chimiques qui dégradent la qualité de l'air de nos intérieurs et présentent un risque pour les enfants ou les animaux.
Il y a une manière toute simple de réaliser des jolies décorations sans danger et faciles à nettoyer : utiliser du blanc de Meudon. Cette poudre fine à base de craie (du carbonate de calcium) permet de réaliser une pâte blanche pour décorer les fenêtres au gré de vos talents artistiques.

LA RECETTE

Pour réaliser la peinture :
- 2 cuillerées à soupe de blanc de Meudon (en magasin bio, droguerie…)
- un peu d'eau

PRÉPARATION

ATTENTION !
La poudre est volatile. Avant de la mélanger, portez un masque ou ne collez pas votre nez dessus !
Mélangez la poudre avec un filet d'eau et fouettez bien pour obtenir une pâte ni trop épaisse ni trop liquide. La consistance ressemble un peu à la gouache. Le blanc de Meudon devient blanc en séchant, et plus votre pâte sera épaisse, plus le dessin le sera aussi. Il se conserve plusieurs heures, et vous pouvez ajouter un peu d'eau s'il sèche un peu trop vite dans la journée. Pour l'enlever après les fêtes, une éponge avec de l'eau suffira.
Pour décorer vos fenêtres, vous pouvez réaliser des dessins à main levée ou simplement des points pour imiter la neige qui tombe. Pour ceux qui veulent obtenir des motifs de Noël, il suffira de préparer des pochoirs ou encore de scotcher des modèles à l'extérieur de la fenêtre pour s'en servir de guide.
Vous pouvez également diluer un peu plus le blanc de Meudon et le verser dans un vaporisateur pour le pulvériser légèrement sur votre sapin ou vos décorations végétales.
Enfin, si vous ne connaissez pas le blanc de Meudon, il sert à beaucoup d'autres choses que les décorations de fenêtres. Il est surtout utile pour nettoyer des surfaces comme l'Inox, le cuivre, l'argent, les vitres ou les miroirs sans les rayer.

Noël

offrir à noël

Pas de Noël sans cadeaux ! En effet, la fête de Noël doit beaucoup historiquement au fait d'offrir des présents. Ceux-ci ont même joué un rôle important dans le choix du 25 décembre et dans la célébrité du père Noël.
Aujourd'hui, l'institution du cadeau de Noël aurait bien des difficultés à être remise en cause. Les Français dépensent en moyenne 200 euros pour les cadeaux de Noël et les magasins ont bien compris l'impact économique de cette fête. Les promotions et les rayons sont mis en place dès la fin du mois d'octobre, et les nouveautés sortent obligatoirement à temps pour être déposées sous le sapin. La grande innovation de ces dernières années est le développement de l'e-commerce. On peut désormais faire l'intégralité de son shopping de Noël sans avoir besoin de sortir de chez soi. En 2018, 87 % des acheteurs avaient prévu de faire leurs achats en ligne, pour un budget de 269 € en moyenne[8].
La surconsommation et le gaspillage sont alors devenus littéralement synonymes de Noël et de ses dérives. Il n'est pas seulement question de la quantité incroyable de cadeaux offerts chaque année, mais aussi du fait qu'une grande majorité d'entre eux se retrouvent en vente sur les sites d'occasion dès le 26 décembre. Avant même la venue du père Noël, 22 % des Français affirment vouloir revendre les cadeaux qui ne leur plairont pas... En 2017, ce sont près de 313 millions d'euros dépensés dans des cadeaux jugés indésirables. Et le plus célèbre site de vente d'occasion signalait déjà 115 000 nouvelles annonces le 25 décembre à midi !
Cette course aux achats est alors au cœur des critiques sur la surconsommation à Noël et l'impossibilité de conjuguer cette fête avec des valeurs écologiques. On passe alors à côté du message originel des cadeaux de Noël, de leur symbolique et de leur utilité. Quand on s'intéresse à l'histoire de Noël, il est frappant de voir à quel point le cadeau et son emballage ont participé à faire de la fête de Noël ce qu'elle est aujourd'hui. Il n'y aurait sans doute pas eu de père Noël s'il n'y avait pas eu une telle évolution des cadeaux. Et malheureusement, c'est parce qu'ils ont connu une telle évolution que les cadeaux de Noël mettent en péril aujourd'hui la fête de Noël. Surconsommation, montagne d'emballages, gaspillage, courses frénétiques dans les magasins... Heureusement, il y a bien d'autres façons de vivre le cadeau de Noël, de le préparer, de le créer et de l'offrir.

8. *www.lsa-conso.fr/comment-se-profile-le-noel-de-l-e-commerce, 304341.*

LES CADEAUX

Offrir des cadeaux, c'est presque vieux comme le monde. Et Noël n'est pas une exception. Reliquat de la tradition des étrennes, le cadeau de Noël a une histoire plus complexe qu'il n'y paraît. Ce qui est sûr, c'est qu'il est intimement lié à l'enfance et au plaisir de « gâter » les plus jeunes. Aucune période historique n'a freiné l'expansion du cadeau de Noël en Occident, pas même les deux guerres mondiales.

Sauf qu'aujourd'hui, un enfant reçoit en moyenne huit cadeaux pour Noël. Il est alors très compliqué de faire passer un message de « slow Noël », d'offrir moins mais mieux, de privilégier des cadeaux immatériels… Et même quand on veut emprunter cette voie, c'est généralement les proches qui se chargent de gâter vos enfants (ou vous-même), de sorte que la culpabilité arrive rapidement.

Il n'y a pas de recette magique : quand on est habitué à une avalanche de cadeaux, il est évident qu'une réduction drastique va être compliquée. Le fait que l'on attribue ces cadeaux au père Noël ne simplifie pas les choses, et il est difficile de faire comprendre à un enfant qu'il doit être raisonnable.

L'urgence écologique se retrouve complètement dans cette tradition. Sur la majorité des cadeaux offerts, une grande partie est composée de plastique et de divers ingrédients toxiques. De nombreux cadeaux font la part belle à la technologie – consoles, jeux vidéo, téléphones –, qui représente déjà entre 6 et 10 % de notre consommation électrique mondiale. Leur fabrication nécessite quantité de métaux lourds, à l'extraction polluante, qui deviendront des déchets encore trop rarement recyclés. Enfin, les cadeaux de Noël pèsent lourd dans le bilan carbone : 62 % des jouets proviennent d'Asie (et sont loin d'être transportés en traîneau par des rennes) et les nombreux retours ou reventes des cadeaux alourdissent encore le bilan.

Il est alors largement temps de se pencher sur ce que représente le cadeau de Noël et comment perpétuer cette tradition dans le respect des ressources planétaires et face à l'urgence de limiter notre consommation.

HISTOIRE DU CADEAU DE NOËL

Le cadeau a une place particulière dans nos sociétés. On lui associe une utilité symbolique importante dans les divers rituels de nos sociétés, de notre construction en groupes sociaux, ou encore dans la transmission de certains principes aux enfants. Offrir un cadeau peut avoir différentes significations suivant les époques et les lieux. En ce qui concerne la période de Noël, les présents étaient à l'origine uniquement alimentaires, faisant office de porte-bonheur pour l'année à venir, mais aussi de soutien aux plus modestes.

Les étrennes, ancêtres du cadeau de Noël, étaient généralement offertes par les personnes les plus fortunées à destination de leurs domestiques, des commerçants habituels ou de voisins dans le besoin. Il faut attendre le XIXe siècle pour que les commerces s'emparent de cette habitude, notamment avec le développement des grands magasins, et la transforme.

Peu à peu, le cadeau s'adresse essentiellement aux enfants, avec l'avènement des catalogues de jouets, la création des vitrines de Noël et les affiches suscitant l'envie chez les petits. Le cadeau ne s'offre plus au Nouvel An, mais le 25 décembre, grâce à l'avènement du père Noël. Le lien entre le cadeau et ce dernier est évidemment très fort. Même avant l'ancrage de ce personnage, il existait déjà tout un tas de personnages mystérieux apportant des offrandes et des petits présents.

Pourtant, le cadeau de Noël continue de symboliser la générosité, que l'on retrouve souvent en littérature ou au cinéma, qui ont développé rapidement la vision d'un « esprit de Noël généreux ». Noël devient un moment magique où tout peut arriver, même pour les orphelins ou les plus pauvres. Le plus célèbre des contes à évoquer cet esprit propre à Noël est Un chant de Noël (A christmas Carol) de Charles Dickens, de 1843, désormais adapté de nombreuses fois à la télévision. Ainsi, dans les histoires, le cadeau de Noël est devenu un élément magique, déposé par un personnage imaginaire et au profit des enfants les plus pauvres.

Le cadeau de Noël devient alors un objet à part entière, emballé et choisi avec soin. Il a évidemment beaucoup perdu de son utilité symbolique aujourd'hui, notre société de consommation ayant réussi à faire oublier son lien avec la générosité, pourtant toujours nécessaire à cette période de l'année.

les cadeaux ne font pas le bonheur

Le cadeau de Noël représente une tradition intimement liée à la célébration de Noël. Il est illusoire de prôner l'arrêt total de l'échange de cadeaux, tant cette action est lourde de sens et de rituels dans notre construction en société. Cependant, il serait irresponsable de ne pas diminuer drastiquement la quantité de cadeaux, avant même de mieux les choisir.

L'explosion du nombre de cadeaux offerts est très récente à l'échelle de l'histoire de Noël et, pourtant, ces quelques dizaines d'années ont complètement modifié notre rapport aux cadeaux. Il paraît aujourd'hui difficile de limiter leur nombre, tant on les associe au bonheur des enfants, aux félicitations pour un « bon » comportement, aux preuves d'amour ou encore à la compensation de notre absence dans la vie de nos proches. Offrir moins, c'est forcément prendre le risque de décevoir, de ne pas être à la hauteur ou de priver les enfants.

Il faut alors réapprendre à offrir des cadeaux, à déconnecter le geste d'offrir un présent avec les conséquences sur notre relation à autrui. Il est un peu simpliste de le rappeler, mais rien n'achète votre présence, votre amour, votre engagement, ni votre fierté envers vos proches.

Pire, on fait bien trop souvent peser cette avalanche de cadeaux sur les enfants. Insatisfaits, « pourris gâtés », ils seraient la raison principale à nos achats en masse à Noël. Pourtant, l'histoire du cadeau de Noël (voir p. 58) illustre parfaitement que c'est notre rapport d'adultes à la consommation qui a bouleversé celui des enfants. Certes, ils sont sollicités par les publicités, les magasins et les catalogues. Cependant, c'est une erreur de penser qu'ils peuvent, à un jeune âge, faire face seuls à ces sollicitations. C'est bien parce qu'on ne les accompagne pas dans leurs choix et leur rapport aux biens matériels qu'ils sont si demandeurs. Et, en général, chaque parent ou grand-parent est ravi de participer à faire le bonheur d'un enfant avec les cadeaux qu'il a repérés, même si on le trouve « déjà trop gâté ».

Il n'y a alors qu'une solution à l'avalanche de cadeau : la réduire. Offrir moins et mieux !

les idées pour offrir moins

Que ce soit pour les enfants ou les plus grands, il est urgent de commencer par repenser le nombre de cadeaux demandés à Noël.

APPRENDRE À FAIRE UNE LISTE

Jusqu'à l'adolescence, un enfant ne doit pas être laissé seul face à un catalogue rempli de jouets sur des dizaines de pages afin de réaliser sa lettre au père Noël. Il est illusoire de penser qu'un enfant saura « choisir », action déjà difficile dans sa vie courante. C'est oublier que tout est fait pour qu'il ait envie de multiplier les choix : les couleurs, les images d'enfants heureux avec tel ou tel jouet, les nouveautés... Non, faire une liste, ça s'apprend ! Ainsi, le père Noël me glisse au creux de l'oreille qu'une liste de 3 jouets au maximum facilite grandement le travail des lutins au mois de décembre. Il envisage d'ailleurs de retourner les listes qui dépassent les 6 jouets.
Il est essentiel de limiter en amont le nombre de cadeaux que votre enfant pourra choisir et de l'aider à faire son choix. Laissez-le regarder, hésiter et accompagnez sa réflexion en fonction de son âge. Demandez-lui pourquoi il choisit ce jouet. Est-ce qu'il n'en a pas déjà un similaire, est-ce qu'il pense qu'il se cassera facilement... ? Détournez son attention en lui proposant de fabriquer sa lettre, d'ajouter un dessin pour le père Noël ou un jouet pour quelqu'un d'autre (frère, sœur, cousins, amis...).

LE SECRET SANTA

Tradition anglo-saxonne, le Secret Santa consiste à offrir un seul cadeau à une personne. Le nom est tiré au hasard parmi la famille, les amis ou les collègues, et l'échange peut très bien rester anonyme jusqu'au bout. C'est une très bonne alternative pour limiter facilement le nombre de cadeaux et garder un esprit festif pour les plus frileux!

LE MIND MAPPING

L'une des principales raisons à l'avalanche de cadeaux et au nombre incroyable de présents revendus tient au fait qu'on ne sait pas choisir un cadeau. Expression parfaite de notre société où l'on n'a plus besoin de rien, il devient effectivement délicat de trouver « le » cadeau qui fera plaisir. Alors, à la place, on multiplie les cadeaux inutiles, qui seront revendus dès le 26 décembre.
Pour y remédier, il y a une technique qui mérite d'être connue : le Mind Mapping. À l'origine, c'est une technique utilisée en marketing, puis en pédagogie, pour dégager des idées et apprendre plus facilement.
Il s'agit de mettre au centre d'une feuille son idée générale, celle pour laquelle vous cherchez une réponse. Puis vous détaillez chaque sous-idée qui vous vient à l'esprit, sans vous restreindre. Le but est vraiment de tout marquer, même le plus farfelu. À force de ramifications, vous trouverez votre idée originale.

POUR L'APPLIQUER AUX CADEAUX DE NOËL :

- au centre : le prénom de la personne destinataire du cadeau
- les flèches principales autour du cercle : les centres d'intérêt, les passions, etc.
- écrire tout ce qui vous passe par la tête pour chaque flèche principale. Plus vous détaillerez, plus il sera simple de trouver une idée originale, en fonction de votre budget. Il est tout à fait possible d'avoir des idées qui rejoignent plusieurs flèches principales !

HISTOIRE

une orange à noël

Qui n'a jamais entendu la phrase « je ne recevais qu'une orange à Noël », prononcée comme une mise en garde à l'approche de Noël ? Ou comme une leçon morale lancée par les anciens face à l'accumulation de cadeaux des enfants d'aujourd'hui ? Pourtant, on a oublié l'origine de ce présent et l'image qu'elle représente pour Noël.

Les orangers sont restés des arbres fruitiers des pays chauds pendant très longtemps. Jusqu'au début du XIXe siècle, la majorité des habitants de l'Europe en ignore l'existence même. Peu à peu, les liaisons commerciales se développent et l'orange fait son apparition sur les tables des plus fortunés et des rois.

C'est avec le développement de la tradition des cadeaux de Noël, vers 1850, que l'on voit apparaître peu à peu l'orange. Les premiers cadeaux sont en effet uniquement offerts aux enfants, et majoritairement des gourmandises comme le pain d'épice, des friandises... L'orange symbolise alors le cadeau pour lequel les parents économisent. Elle est rare et chère, peu d'enfants ont la chance d'en avoir goûtée au XIXe siècle.

Trouver une orange dans sa chaussette de Noël est alors un présent de haute qualité. Un présent rare et cher, qui a sans doute demandé beaucoup de recherches sur les marchés. L'orange symbolise le fruit du soleil dans ce mois d'hiver. Pour les moins fortunés, le goût et le jus de l'orange sont un vrai délice.

L'orange n'est ni une honte ni une menace à proférer aux enfants. Au contraire, c'est d'un présent autrefois joyeux et apprécié des enfants dont il faut leur parler. Bien évidemment, les enfants d'aujourd'hui connaissent tous l'orange et n'arrivent sans doute pas à réaliser la joie des enfants d'autrefois face à ce fruit si courant. Cependant, c'est aussi la raison de la présence de l'orange dans de nombreuses décorations de Noël : en rondelles séchées, plantée de clous de girofle...

cadeaux immatériels

Une des bonnes alternatives à l'avalanche de cadeaux de Noël est d'opter pour des cadeaux immatériels. Il s'agit d'offrir des expériences plutôt que des biens, mais aussi des abonnements, des « bons pour », etc. Pas besoin d'emballage et les idées sont presque inépuisables ! Évidemment, cela fonctionne aussi bien pour les grands que pour les petits.

IDÉES DE CADEAUX IMMATÉRIELS POUR FAIRE PLAISIR EN MODE ZÉRO DÉCHET

- *place de concert, de spectacle, d'évènement sportif…*
- *abonnement à un magazine ou à un journal*
- *carte cadeau pour des livres audio*
- *abonnement TV (chaîne de sport, chaîne de musique en ligne…)*
- *repas offert au restaurant*
- *soirée baby-sitting offerte à des jeunes parents*
- *cours de cuisine, maquillage, conduite…*
- *pour les enfants : journée au zoo ou au musée, pique-nique, film au cinéma, soirée « on choisit le repas »*
- *abonnement à une box*
- *coup de main pour des travaux à la maison longtemps repoussés*

Soyez innovant, n'oubliez pas que votre aide et votre temps font aussi de parfaits cadeaux à offrir à votre entourage.

cadeaux faits maison

Il y a quantité de cadeaux que l'on peut réaliser soi-même en fonction de ses compétences et de ses moyens.

QUELQUES IDÉES

- de la couture, du tricot ou de la broderie
- un cadre photo maison ou un album photo de souvenirs
- un cadeau gourmand : bocaux de conserves ou de confiture, pâte à tartiner maison, sel aromatisé, petits gâteaux, camembert à rôtir
- décoration d'un pot en terre cuite pour une plante
- cosmétiques maison : baume à lèvres, gommage maison, dentifrice…
- petits bricolages en bois

L'IDÉE MINUTE (PARFAITE POUR LES OUBLIS DE CADEAUX) :

le kit sos cookies

- un bocal
- votre recette préférée de cookies
- un joli lien et une étiquette en papier

✳ Remplir le bocal avec les différents ingrédients secs de la recette (farine, levure, sucre, pépites de chocolat, etc.) en superposant joliment les différentes couches à la manière des bouteilles de sable. Écrire la recette sur une étiquette en précisant bien les ingrédients humides à ajouter (œufs, beurre, etc.). Accrochez l'étiquette avec un lien et décorer avec ce que vous avez !

✳ Cette idée fonctionne avec tout type de recette qui utilise différentes sortes d'ingrédients secs. Pour les amateurs de salé, il est possible d'opter pour une recette de risotto par exemple, avec des ingrédients déshydratés ou des épices.

cadeaux écolos

L'avalanche de cadeaux à Noël est assez paradoxale, puisqu'on a globalement déjà accès soi-même à l'ensemble des objets que l'on reçoit à Noël, et on attend rarement de se les faire offrir. On cherche alors désespérément des idées de cadeaux originaux pour des gens qui n'ont, généralement, besoin de rien. Le risque est alors d'offrir quelque chose que la personne possède déjà ou qu'elle ne désire pas et qui sera revendu après les fêtes.

Pour ceux qui n'arrivent pas à passer le cap des cadeaux faits maison ou immatériels, il y a une troisième alternative qui permet de réconcilier cadeau et écologie : des cadeaux qui sensibilisent aux problèmes de l'environnement. En fonction de votre entourage, vous trouverez de nombreuses idées pour offrir des objets réutilisables, éthiques ou écoresponsables. N'oubliez pas aussi les très nombreux livres sur l'écologie, qui peuvent représenter un très beau cadeau et inspirer vos proches, qu'il s'agisse du plastique, de l'éthique animale, de la biodiversité ou de la consommation responsable.

QUELQUES IDÉES

- une gourde en Inox
- des vêtements éthiques pour faire découvrir de nouvelles marques
- un kit cosmétique avec des lingettes lavables et une huile végétale
- un kit contenant un nécessaire de produits ménagers
- un rasoir zéro déchet
- un stock de bocaux pour le vrac
- un livre de cuisine végétarienne
- le DVD d'un documentaire qui vous a marqué

LES EMBALLAGES

Les emballages cadeaux, c'est à la fois un des plus grands bonheurs et un des pires aspects de Noël : longs à faire, rapides à déchirer, ils finissent tous à la poubelle en quelques heures. En France on recense plus de 20 000 tonnes de papiers cadeaux consommés, soit 380 000 arbres ou encore 11 000 tonnes d'équivalent CO_2.

Sachez-le, tous les emballages plastifiés, brillants, pailletés et métallisés ne se recyclent pas. Vous conviendrez que cela fait quand même un sacré tas de déchets pour une seule journée ! Et au-delà de l'aspect écologique, c'est aussi compliqué le jour J de trouver où jeter tous ces papiers.

Rappel des consignes de tri :
– dans le bac de tri (souvent jaune) : les emballages en papier, le carton et les journaux. Et malheureusement, rien d'autres ! Le tri du plastique ne concerne que les emballages (bouteilles/flacons en majorité) et nullement les jouets en plastique ou leurs protections.
– dans la poubelle classique : le papier cadeau plastifié, pailleté, métallisé et les rubans. Heureusement, il y a plein d'astuces, de la plus simple pour les amoureux des paquets cadeaux à la plus radicale pour les zéro déchets accomplis.

HISTOIRE DE L'EMBALLAGE DES CADEAUX

L'emballage des cadeaux de Noël est loin d'être anodin dans l'histoire de cette célébration. C'est d'ailleurs avec l'instauration de l'emballage papier que le cadeau de Noël a fini par s'installer définitivement comme tradition de Noël.

Si le fait d'offrir un cadeau à cette période de l'année est ancien, l'emballage qui l'entoure ne date que de la fin du XIXe siècle. Auparavant, les récits et les images d'archives montrent des cadeaux visibles au pied du sapin ou directement offerts aux enfants. L'élément de surprise de l'emballage est l'invention du fondateur de Hallmark, aux États-Unis, et prendra rapidement dans la haute bourgeoisie américaine. D'abord très simple, le papier devient rapidement décoré, coloré, brillant et, surtout, est accompagné de rubans. Se développe alors une frénésie dans la décoration des paquets, qui finit par contaminer l'Europe.

Le traditionnel cadeau, offert depuis toujours pour cette période de festivités, devient alors « le cadeau de Noël », puisqu'il est emballé, se différenciant ainsi parfaitement des autres présents ou des étrennes du mois de janvier.
Il est étonnant de remarquer qu'au contraire, certains pays ont développé une culture de l'emballage qui a donné un autre sens aux cadeaux.
Le soin apporté aux emballages au Japon, héritage du shintoïsme, permet notamment de voir l'emballage comme la première étape du cadeau et d'éviter ainsi la surenchère.

EMBALLER
écolo

Les alternatives aux emballages non recyclables sont nombreuses et permettent de s'adapter à tous, des plus doués en emballage à ceux qui désespèrent d'arriver à plier correctement les coins du papier !

1

UTILISER UN PAPIER RECYCLABLE

Si une grande majorité des papiers cadeaux ne se recycle pas, il y en a qui peuvent très bien être recyclés dans le tri sélectif après Noël. Tous les emballages 100 % papier, notamment le kraft, se recyclent très bien.
Faites attention à bien choisir votre papier kraft sans décoration métallique ni paillettes. N'hésitez pas non plus à opter pour du papier doté d'un sigle FSC ou PEFC, afin de vous assurer qu'il est issu de forêts gérées durablement.

2

RECYCLER DES PAPIERS OU EMBALLAGES

En regardant bien autour de vous, vous trouverez sans doute beaucoup d'emballages à recycler : journaux, magazines, emballages de colis reçus, dessins de vos enfants, vieilles cartes routières, etc. Là encore, un peu d'imagination, une jolie ficelle, une branche de sapin... et vous obtiendrez de jolis emballages recyclés et recyclables.

3

UTILISER UNE HOTTE À CADEAUX

Encore plus radical : n'emballez pas vos cadeaux ! Et pour les réunir, utiliser une hotte à cadeaux. On en trouve un peu partout et l'effet est drôlement joli près du sapin. Vous pouvez aussi prévoir plusieurs chaussettes de Noël pour y déposer les petits cadeaux. Je vous assure que les enfants se moquent complètement des emballages. Fouiller dans la hotte fera son petit effet !

4

EMBALLER AVEC DU TISSU : LA MÉTHODE DU *FUROSHIKI*

Le *furoshiki* est une technique japonaise de pliage et de nouage du tissu, qui peut être détournée pour les cadeaux de Noël. Il existe quantité de nœuds, du plus simple au plus complexe, afin d'emballer avec du tissu. L'avantage de cette technique est qu'elle permet d'emballer plus facilement et plus joliment des objets aux formes arrondies ou biscornues. À l'origine, le pliage se pratique sur des foulards en soie, plus simples à nouer sans faire de mauvais plis. Mais il est tout à fait possible d'opter pour des tissus, achetés ou réutilisés. Veillez simplement à choisir des tissus de grandes tailles, afin de pouvoir les nouer plusieurs fois et d'utiliser des matières souples.
Lorsque vous offrez un cadeau emballé, vous pouvez évidemment laisser le tissu si la personne en a l'utilité, mais n'hésitez pas sinon à demander gentiment de le reprendre. On hésite toujours par pudeur, mais il est plus désagréable pour la personne de ne pas savoir quoi en faire ensuite !

TUTORIEL

Furoshiki

Un *furoshiki* peut être réalisé avec tout type de tissus. Des chutes, des tissus chinés ou achetés, peu importe. Évitez seulement les tissus trop épais, qui seront difficiles à plier, ou les tissus transparents, si vous voulez cacher votre cadeau.

Il existe une quantité incroyable de pliages et de nœuds pour s'adapter à toutes les tailles et formes de cadeaux. L'avantage du furoshiki est qu'il s'adapte plus facilement aux formes un peu particulières, notamment les paquets ronds ou les bouteilles. Vous pouvez ensuite le décorer avec une branche de sapin, de houx, un lien en raphia ou une étiquette découpée dans du carton.

Une fois que vous avez offert le cadeau, vous pouvez évidemment choisir de laisser le tissu en expliquant la méthode et faire ainsi de nouveaux adeptes.

COMMENT FAIRE QUAND LES ENFANTS CROIENT ENCORE AU PÈRE NOËL ?

Certains parents semblent réticents aux alternatives écologiques afin de ne pas heurter leurs enfants, qui pourraient reconnaître des tissus ou des emballages réutilisés. La légende voudrait que les enfants soient attentifs aux emballages et même davantage : « Ils jouent plus avec l'emballage qu'avec les jouets. » Le père Noël m'a transmis son étonnement face à cette légende, sans aucun doute créée par l'industrie du papier cadeau. Il est tout à fait prêt à passer pendant le mois de décembre récupérer vos tissus ou papiers, cela sera l'occasion d'expliquer aux enfants pourquoi il essaye de limiter sa consommation de papier cadeau ! Sinon, la hotte a vraiment sa préférence, car il gagne de précieux jours à ne pas emballer les cadeaux et il n'a reçu aucune remarque à ce sujet dans les lettres des enfants.

célébrer noël

Noël est là. Il est temps de célébrer cette journée avec vos proches. Alors que la décoration, le sapin et les cadeaux sont déjà prêts, les deux jours de festivités qui arrivent représentent un coût considérable pour l'environnement. À l'image de l'ensemble de la question écologique, la mode, l'alimentation et le transport demeurent les principaux secteurs polluants que l'on a bien des difficultés à modifier individuellement au moment de Noël.

Le repas de Noël est une tradition bien ancrée dans nos sociétés, héritage des Saturnales où les Romains organisaient de grands banquets pour célébrer le solstice d'hiver. Désormais fête familiale, Noël devient une excuse pour cumuler les plus mauvais réflexes d'un point de vue écologique : consommation de produits alimentaires luxueux, de produits animaliers, gaspillage et multiplication des transports en un temps très court.

Pourtant, le caractère festif d'une période ne devrait pas être utilisé comme une justification pour renier ses principes écolos ou ruiner tous ses efforts de l'année. Célébrer Noël n'est pas qu'une question de repas gargantuesque et de multiples séjours dans la famille, c'est un moment charnière de l'année pour mettre la nature à l'honneur, profiter des siens et ralentir un peu le rythme.

LA TENUE
de noël

Ah, le pull de Noël ! Vieille tradition héritée du tricotage un peu raté de certaines grands-mères, il s'impose maintenant comme un folklore de Noël, un habit classique des journées au boulot en décembre ou des fêtes entre amis.

Le pull de Noël a même sa journée officielle, le 21 décembre, un site Internet dédié et des tonnes de catégories dans toutes les marques à la mode.

Sauf qu'on frise le summum de la fast-fashion version mode jetable. Acheté à 20 € au maximum, ce pull sera mis une, peut être deux fois dans l'année et rarement remis celle d'après. Or, il n'y a pas que le pull, toutes les grandes marques sortant une collection de Noël pour que vous puissiez trouver une tenue de fête.

Or, l'industrie de la mode est l'une des plus polluantes et des moins éthiques dans le monde. Entre l'utilisation controversée de matières animales, la culture polluante de certaines matières naturelles, les conditions inhumaines de travail dans certains pays et l'impact du transport, il est important de revoir sa consommation de vêtements. Et s'il n'est pas toujours simple d'acheter local, éthique et biologique pour le quotidien, Noël ne devrait pas être l'occasion d'accabler notre bilan. Après tout, le père Noël porte le même costume depuis des centaines d'années…

un look écolo pour noël

Alors, comment faire quand on veut un petit look Noël sans jeter au compost tous ses principes de consommation ? Quand on parle de consommation, le premier des conseils devrait d'abord être de faire avec ce que l'on a. Fouillez vos placards ou ceux de vos proches pour vérifier que vous n'avez pas déjà une tenue pour Noël.

1 – ON ACHÈTE PLUTÔT UN MINI-ACCESSOIRE DE NOËL :
rarement éthique, il permet cependant de limiter la casse et d'être portable un peu plus souvent en décembre. Vous trouverez des bijoux inspirés par Noël : canne à sucre, bonnet de Noël, tête de rennes. Mais aussi un pin's, un bonnet, des chaussettes, des barrettes, une cravate... tout ce qui est moins imposant que le pull, donc plus facile à porter et à conserver d'année en année.

2 – ON ACHÈTE DU SECONDE-MAIN :
sur Vinted, on trouve des tonnes de pulls de Noël. Mais aussi dans les vide-greniers, Emmaüs, Etsy ou encore auprès des amis. Le vêtement ne sera pas forcément éthique ou écologique, mais l'achat d'occasion permet déjà de faire un effort dans la façon de consommer et d'utiliser ce qui existe déjà.

3 – ON INVESTIT DANS UN PULL ÉTHIQUE... À TENDANCE « NOËLIQUE ».
Aucune marque éthique ne semble proposer une collection de Noël. La plupart du temps, ces enseignes optent justement pour des collections intemporelles et durables. Il serait donc paradoxal de proposer un vêtement qui ne pourrait être porté qu'à Noël. Mais on peut quand même opter pour un pull d'hiver au style ou à la couleur qui fait un peu penser à Noël, sur lequel il suffira d'accrocher un petit pin's si besoin. Vous pouvez trouver des vêtements en jacquard, des matières brillantes ou opter justement pour un joli vêtement que vous détournerez facilement pour les fêtes.

Conseils : optez pour le noir, le rouge, le vert sapin ou le doré. Une belle chemise blanche peut aussi être facilement « accessoirisée ». Pour les plus doués, lisez *Indispensables Pulls de Noël au tricot*, Collectif, aux éditions de Saxe.

LA TABLE
de noël

Il est temps de dresser une jolie table de Noël. Que vous passiez cette fête avec toute la famille ou en petit comité, faire une jolie décoration sans achat supplémentaire devient parfois un vrai casse-tête. Pourtant, la décoration de table, c'est un peu comme pour la décoration du sapin, vous avez besoin de quelques basiques de Noël et d'un soupçon d'idées.

Du côté de la vaisselle, vous avez sans aucun doute le nécessaire chez vous. Si vous êtes vraiment nombreux, n'hésitez pas à aller chiner de la vaisselle, que vous pourrez même dépareiller. Vous trouverez aussi sans problème des serviettes de table en tissu, qui pourront vous resservir et vous éviter ainsi d'acheter des serviettes en papier jetables.

une déco écolo

POUR LES DÉCORATIONS À DÉTOURNER

- Des pommes de pin, des branches de sapin, du houx, de l'eucalyptus…
- Des rubans rouges, écossais ou dorés
- Des sucres d'orges, des bonshommes en pain d'épice, etc.
- Des boules de Noël non utilisées
- Des bougies blanches de tailles différentes
- Des pots en verre de tailles différentes

QUELQUES IDÉES FACILES

- remplir un vase de pommes de pin ou de boules de Noël
- décorer de simples bougies blanches en collant du ruban, des paillettes ou des bâtons de cannelle
- déposer plusieurs branches de sapin ou de houx au centre de la table
- remplir des bocaux avec du sapin, des écorces d'orange, des fruits rouges et de l'eau afin d'y déposer une bougie chauffe-plats
- déposer une guirlande d'orange et de citron séchés au centre de table ou en suspension au dessus

CONSEIL

Pour les moins doués en déco ou ceux qui ne veulent pas investir : opter pour une décoration minimaliste en misant sur un code couleur. Une jolie nappe blanche, des serviettes de table rouge et quelques décorations naturelles donneront rapidement un air de Noël sans surcharger la table. Veillez à rester dans les mêmes tonalités et votre décoration sera réussie.

une table de noël express

- une nappe blanche
- des longues branches de sapin et/ou autres feuillages
- des pommes de pin, des bâtons de cannelle, des oranges séchées...
- des grandes bougies blanches
- une bouteille en verre
- une guirlande lumineuse
- des biscuits avec l'initiale de vos invités
- votre plus jolie vaisselle

Mettre la nappe, les assiettes, les couverts et les verres comme à votre habitude. Déposer les branches de sapin au centre de la table, de la longueur désirée, en les superposant. Fixer les branches avec du fil de fer et accrocher des décorations naturelles à certaines branches. Disposer quelques bougies parmi les branches. Marquer le menu au stylo craie sur une bouteille en verre et insérer une guirlande à l'intérieur. Installer les biscuits avec initiales à la place de vos invités.

Merry
Christmas
B

LE REPAS
de noël

La nourriture a toujours eu une place importance à cette période de l'année. Déjà à l'époque des Romains, les Saturnales étaient essentiellement organisées autour de banquets, où l'abondance de plats devait annoncer celle des récoltes à venir.

La religion chrétienne a ensuite imposé un jeûne lors de la période de l'Avent, rompu uniquement au retour de la messe de minuit.

Du côté des plats, en France, notre tradition culinaire met en avant les plats à base de viandes : oie, canard ou boudin étaient souvent sur la table à la fin du mois de décembre. Chaque région a développé des spécialités, sucrées ou salées, en lien avec ces festivités de fin d'année.

Aujourd'hui, le repas de Noël n'a rien à envier aux festins des Romains ! Les produits animaliers sont présents dans tous les foyers : dinde, oie, foie gras, huîtres, saumon fumé… pour une moyenne de 3 217 kcal pour un seul repas.

La grande différence est qu'au xxie siècle, notre alimentation s'est industrialisée, l'élevage est devenu intensif et s'effectue dans des conditions de plus en plus déplorables pour le bien-être animalier. Leur impact environnemental est très vaste. En France, l'alimentation représente à elle seule près de 30 % de nos émissions de gaz à effet de serre. La surconsommation de produits animaliers accélère évidemment le processus.

Les produits de la mer ne sont pas épargnés, près d'un tiers des stocks est pêché à des niveaux biologiquement non viables. En d'autres termes, de nombreuses espèces sont désormais menacées.

Or, le repas de Noël est aussi un formidable gaspillage. En temps normal, c'est déjà 30 % de la production agricole qui est perdue et, à Noël, notre poubelle contient 17 % d'aliments consommables.

Doit-on alors oublier la tradition du repas de Noël ? Non, évidemment, mais il existe beaucoup de solutions pour faire un repas festif sans augmenter drastiquement son impact environnemental.

HISTOIRE DE LA BÛCHE

Ah, la fameuse bûche de Noël ! Elle envahit les rayons des boulangeries pour les fêtes et occupe bien les apprentis pâtissiers pour Noël. On la trouve glacée, au chocolat, aux fruits, avec un tas de décorations de Noël ou hyper minimaliste.

La tradition remonterait aux anciens peuples scandinaves, qui, pour le solstice d'hiver, déposaient une bûche dans la cheminée pour la faire brûler 12 heures, en référence aux douze mois de l'année et porter ainsi chance à la famille. Au XIIe siècle, cette tradition était extrêmement suivie en France. Le 24 décembre, on allumait la plus grosse bûche de bois possible dans la cheminée et elle devait brûler pendant plusieurs heures ou plusieurs jours selon les régions. On gardait souvent les restes de la bûche d'une année sur l'autre pour protéger la maison et les récoltes. Il existait déjà une tradition liée aux cadeaux, puisque les parents disposaient des friandises à côté de la cheminée pour les enfants.

Signe de protection, on arrosait la bûche de vin ou on dispersait les récoltes des champs que l'on cultivait. Plus elle brûlait longtemps, meilleur l'année serait ! Petit à petit, la tradition disparut en même temps que les cheminées dans les foyers. Pour rappeler la bûche de bois, certains pâtissiers et chocolatiers donnèrent aux gâteaux de fêtes une forme de bûche.

choisir ses aliments

À Noël, le premier pas pour une alimentation responsable est d'apprendre à choisir ses produits. D'une manière générale, il est préférable de faire vos courses au marché et chez les producteurs locaux, avec qui vous pourrez discuter des choix à faire.

LES REPÈRES À AVOIR

Poisson : choisir un poisson de saison et une espèce non menacée[9]. On évite donc le thon, le saumon d'élevage de l'Atlantique ou encore l'espadon. On privilégie la pêche locale et les labels MSC ou ASC (pour l'aquaculture).

Viande : privilégier les labels (Agriculture biologique, AOC, Label rouge...) et les producteurs locaux*.

Œufs : toujours avec le code 0 qui permet de justifier d'un œuf bio provenant d'une poule élevée en plein air.

Légumes et fruits : de saison et de production locale, issus de l'agriculture biologique ou raisonnée.

Chocolat : on choisit du chocolat « pur beurre cacao », noir de préférence et issu du commerce équitable ou, encore mieux, cultivé en agroforesterie.

* Et le foie gras alors ? Pour cette tradition de la gastronomie française, il n'y a malheureusement pas d'alternative « écologique ». Le gavage des oies et canards est interdit chez de nombreux pays voisins et a été dénoncé dès les années 1990 par les institutions européennes. Son image de produit festif et luxueux a complètement occulté les réalités de la pratique auprès des consommateurs. Seuls de très rares élevages dans le monde tentent de trouver des méthodes plus respectueuses du bien-être animal avec un gavage « naturel ». Si le foie gras est un emblème national, et sans aucun doute une activité économique qu'on ne peut pas faire disparaître facilement, il est cependant illusoire de chercher une alternative écologique pour les fêtes de Noël. Les rares labels permettent de justifier de la localisation de l'élevage ou de la provenance des maïs servant au gavage, mais encore trop de « mentions » prônent des éléments qui sont en réalité des obligations législatives – comme l'interdiction des cages individuelles. Libre à chacun de faire ses choix, mais il est important de connaître les conditions dans lesquelles sont élevés ces animaux.

9. *www.mrgoodfish.com.*

calendrier des produits de saison

LA PETITE RECETTE
des biscuits de noël

Avoir une bonne recette de biscuits de Noël (ou bonshommes en pain d'épice) est particulièrement utile. En plus, c'est délicieux. Vous pouvez vous en servir pour faire des décorations à suspendre dans le sapin, la couronne ou la maison, des cadeaux faits maison, des étiquettes pour vos cadeaux, des marque-places pour le repas...

Vous pouvez aussi en faire des bonshommes en pain d'épice, ou tout autre personnage de Noël, grâce à des emporte-pièce, pour les accrocher au sapin, à votre couronne ou dans la maison. Vous pouvez aussi réaliser une grande couronne à suspendre ou des petits cadeaux à offrir.

POUR UNE VINGTAINE DE BISCUITS

- ◯ *80 g de sucre blond*
- ◯ *50 g de miel*
- ◯ *125 g de beurre doux à température ambiante*
- ◯ *1 œuf*
- ◯ *350 g de farine environ*
- ◯ *½ sachet de levure chimique ou 1 cuillerée à café de bicarbonate*
- ◯ *1 cuillerée à café de sel*
- ◯ *2 cuillerées à café de mélange d'épices pour pain d'épice (ou un mélange de gingembre, de cannelle et de muscade)*

Mélangez le sucre, le miel et le beurre avec une spatule ou une cuillère en bois. Ajoutez l'œuf et mélanger bien.
Tamisez la farine avec la levure, le sel et les épices. Mélangez en plusieurs fois. Petit à petit, la pâte devient plus dense. Vous pouvez donc terminer à la main pour bien incorporer la farine. Vous pouvez aussi le faire au robot.
Réservez la pâte 1 heure au réfrigérateur en l'aplatissant un peu dans une assiette.
Farinez bien votre plan de travail et étalez la pâte avant de la découper avec des emporte-pièce. N'oubliez pas de faire un trou si vous voulez accrocher vos figurines ou autres. Faites cuire à 180 °C pendant 12 minutes environ. Les biscuits doivent être juste dorés.

POUR LA DÉCORATION : mélangez sucre glace et eau pour avoir une pâte facile à appliquer. N'hésitez pas à la colorer si besoin. À conserver (très longtemps) dans une boîte en fer.
ALTERNATIVE VÉGANE :utilisez de la margarine végétale, supprimer l'œuf et prenez du sucre muscovado en remplacement du miel.
Alternative sans gluten : utilisez un mélange de farine de riz semi-complète (250 g environ) et de farine de châtaigne (100 g environ), ou un mélange de farines sans gluten spécifique.

éviter le gaspillage

Après la consommation de viande et de poisson, le gaspillage est le deuxième fléau du repas de Noël. Les déchets alimentaires sont déjà astronomiques en temps normal, mais les périodes de fêtes font littéralement déborder nos poubelles. Les raisons sont multiples mais, en général, on achète trop, on cuisine trop et on ne consomme pas assez. De mémoire de père Noël, on n'a jamais entendu de plaintes pour un repas de Noël trop... léger !

DES IDÉES POUR ÉVITER LE GASPILLAGE

- Calculer au plus juste : entre 600 et 700 g de nourriture par personne sur l'ensemble du repas. Et pour les aliments les plus controversés, on limite à 75 g de viande par personne.

- Faire un menu de Noël précis et une liste de course détaillée - faire toujours les courses le ventre plein, on craque moins !

- Conserver les fruits et les légumes correctement, en majorité hors du frigo, au frais et à l'abri de la lumière.

- Prévoir un apéritif léger pour éviter de caler avant l'arrivée du plat principal.

- Miser au maximum sur des plats, notamment à base de légumes, qui peuvent être consommés différemment le lendemain en gratin, en soupe ou autre.

- Servir à l'assiette et ranger rapidement au frais les aliments les plus sensibles afin de les conserver. On ne laisse plus traîner le plat de poissons pendant 4 heures sur la table...

- Congeler les restes du repas.

- Organiser un repas pour « finir les restes » le lendemain (ou le surlendemain) de Noël entre amis.

- Tous les restes du repas peuvent aller au compost, sauf la viande, le poisson et les produits laitiers.

un menu pour tout le monde

Aujourd'hui, les modes d'alimentation se diversifient, les allergies ou les intolérances sont bien plus courantes et nombreuses sont les personnes qui refusent la consommation de produits provenant des animaux. Comment concilier un repas de famille quand tout le monde mange différemment ?

Le menu peut en effet rapidement devenir un casse-tête pour satisfaire tout le monde, et surtout pour ne pas passer à côté des traditions de Noël. Finalement, le plus compliqué est de trouver une solution pour faire un menu différent à des personnes qui tiennent au traditionnel repas de Noël, au bilan environnement pourtant catastrophique.

La problématique du repas de Noël provient essentiellement de la surconsommation des plats carnés. Les plats végétariens sont alors soupçonnés d'être plus tristes, plus fades et moins traditionnels pour les fêtes. Alors que toutes les autres traditions de cette période ont évolué au fil du temps, la consommation de viande demeure intacte, notamment en France, pays de la gastronomie qui met en avant les produits animaliers.

Mais est-ce qu'un seul repas vaut de gaspiller autant, de miser sur un modèle d'alimentation que ne pourra soutenir la planète à terme ou de participer à développer des méthodes d'élevage cruelles des animaux ? Sans devenir végétarien, augmenter la part des végétaux pour votre repas de Noël vous permettra de faire des choix plus simples pour satisfaire tout le monde.

QUELQUES IDÉES
végétariennes

1

APÉRITIF-ENTRÉE

- Tartine de roquefort aux poires et aux noix caramélisées
- Tartine de chèvre et chutney de figues
- Œufs cocottes aux champignons ou à la courge rôtie
- Velouté de potimarron aux croûtons en pain d'épice
- Toasts de polenta au confit d'oignons
- Pâté végétal

2

PLAT PRINCIPAL

- Ravioles aux courges ou aux champignons
- Risotto au potimarron, aux noix et au parmesan
- Purée de patates douces aux quatre épices
- Courges à la poêle avec des châtaignes
- Chou vert farci aux légumes
- Cannelloni farci aux courges

3

POUR UN MENU SANS GLUTEN

- Évitez la pâte feuilletée.
- Privilégiez le riz comme féculent.
- Utilisez de la farine de riz ou de châtaigne, ou encore un mix de farines sans gluten.

4

POUR UN MENU VEGAN

- On pense à supprimer les œufs, les produits laitiers et le miel.
- Dans une recette sucrée, les œufs peuvent être remplacés par de la compote ou de la banane écrasée.
- Pour retrouver le goût du miel, on opte pour le sucre muscovado, le sirop d'érable ou des épices.
- Les produits laitiers ont tous des alternatives végétales. Pour les plus réticents au goût, les boissons végétales d'avoine et de riz sont les plus neutres.

LES TRANSPORTS
à noël

On oublie souvent ce dernier aspect des festivités de Noël : la forte hausse de notre bilan carbone pour réunir toute la famille. L'explosion des familles sur le territoire français, les expatriations, les familles où plusieurs nationalités se côtoient, les familles recomposées... ce casse-tête pour savoir chez qui passer le réveillon du 24 décembre et la journée du 25 en décourage plus d'un.

Or, nos modes de transport sont surtout une catastrophe d'un point de vue environnemental. Et si le bilan carbone est encore plus mauvais à l'approche de Noël, il commence à s'élever dès la fin du mois de novembre à cause du nombre de trajets que l'on emprunte pour aller faire les courses de Noël.

L'impact du transport sur l'environnement est plus global qu'un simple bilan carbone et comporte des effets négatifs sur de nombreux aspects : l'utilisation des ressources énergétiques, l'acidification des sols, le bouleversement des milieux aquatiques ou encore les nuisances sonores[10]. Évidemment, l'impact en termes de pollution atmosphérique est énorme, car le secteur des transports représente à lui seul un tiers de nos émissions de gaz à effet de serre. Certaines villes de France dépassent ainsi fréquemment le seuil de pollution aux particules et au dioxyde d'azote, qui est limité au niveau européen.

Les comparaisons sont relativement complexes à effectuer, puisque l'impact de votre mode de transport dépendra du nombre de passager, du trajet effectué, du carburant utilisé... D'un point de vue général, les trois quarts des émissions du secteur des transports sont engendrés par la route : voitures, camions ou bus. Moins émetteur en théorie, l'avion est cependant responsable de 2,8 % des émissions mondiales pour un nombre de passagers bien inférieur. Alors, est-ce qu'il est possible de se déplacer autrement à Noël ?

10. www.ademe.fr/expertises/mobilite-transports/elements-contexte/impacts-transports-lenvironnement

les traditions régionales

Si vous changez de région pour les fêtes, vous changerez sans doute de traditions. La fête de Noël revêt des visages très différents suivant les régions. Certaines sont directement héritées des anciennes traditions païennes du solstice d'hiver, d'autres sont influencées par des pays frontaliers ou encore de spécialités du territoire. Il serait impossible de toutes les détailler, notamment parce que même, à l'intérieur des régions, les traditions familiales ont parfois modifié certains rites de Noël.

De plus, certaines dates sont encore particulièrement célébrées, comme le 4 décembre pour la Sainte-Barbe, le 6 décembre pour la Saint-Nicolas ou le 13 décembre pour la Sainte-Lucie. Des traditions perdurent toujours, comme « l'assiette du pauvre », une assiette supplémentaire à table symbolisant l'accueil de toute personne dans le besoin à la veille de Noël. Aussi, vous goûterez des choses variées en fonction de la région, tels les treize desserts en Provence, les gaufres en Champagne-Ardenne ou les escargots en Bourgogne.

La Bretagne et la Normandie étaient très attachées à la tradition de la bûche dans la cheminée, arrosée d'eau bénite, ce qui est parfois encore réalisé dans certaines familles. Toutes les régions avaient aussi des rites bien particuliers liés au travail, qu'il fallait, en règle générale, arrêter aux alentours de Noël. C'est ainsi qu'il était courant de donner une ration supplémentaire aux animaux, mais qu'il ne fallait ensuite plus entrer dans les étables ou les bergeries pendant la nuit du Noël. Dans le Languedoc, on disait même que les animaux pouvaient parler entre eux pendant la nuit précédent Noël et qu'il portait malheur de les écouter. Quant au mythique père Noël, il a parfois eu des visages étranges, comme la vieille tante Arie en Franche-Comté.

Toutes les régions de France ont façonné des traditions, des mythes et des légendes qui sont encore perpétués aujourd'hui, et qui ont souvent été largement modifiés au fil des ans. Cependant, il est surprenant de réaliser qu'elles ont généralement plus en commun qu'il n'y paraît. N'oubliez pas de demander aux habitants du village que vous visitez leurs propres traditions et superstitions à Noël !

se déplacer pendant noël

Avant même de réfléchir au moyen le moins polluant d'effectuer vos trajets, il est important de les rationaliser. Pendant le mois de décembre, limitez les allers-retours en magasin pour faire vos courses et utilisez le plus possible les transports en commun.

Pour les trajets plus longs, privilégiez tant que faire ce peu le train et la voiture. Attention : pour diminuer l'impact de la voiture, il est important d'optimiser vos trajets à plusieurs, car un long voyage seul en voiture aura une empreinte écologique tout aussi importante, notamment en raison des embouteillages et de la pollution atmosphérique.

L'idéal est évidemment d'éviter au maximum les trajets en avion ou, au minimum, de les limiter pour un grand trajet pour lequel il n'y a pas d'alternative. Enfin, une des premières causes de la multiplication des trajets est la difficulté à réunir tous vos proches à l'approche de Noël. L'éclatement des familles occasionne inévitablement de nombreux trajets, qu'il est néanmoins possible d'optimiser en amont. Réfléchissez à votre parcours pour éviter les détours. Essayez de trouver un lieu de réunion familiale proche d'un maximum de personnes, ou encore alternez les lieux de festivités par année, plutôt que d'essayer de contenter tout le monde sur deux jours. Noël est une fête familiale, mais elle ne doit pas devenir un casse-tête pour satisfaire vos proches et augmenter ainsi considérablement votre bilan carbone.

CONCLUSION

Quelques pages ne suffisent pas à évoquer la richesse de notre fête de Noël. Il y aurait encore tant à dire sur les traditions, les mythes et les légendes qui accompagnent la célébration de cette période si particulière de l'année.

Noël est aujourd'hui adoré ou détesté pour ce qu'il représente. Et toutes les pages précédentes ne permettront pas de nier l'impact environnemental d'une telle consommation fulgurante. S'il y a des alternatives à privilégier, il est important de comprendre que notre empreinte écologique demeure importante. Chaque achat qui n'est pas dicté par une nécessité est évidemment un luxe, quand on est des millions, voir des milliards, à l'effectuer.

Le père Noël a bien envisagé un temps l'annulation de cette fête au regard du désastre écologique mondial, mais il s'est souvenu qu'avant lui, religion et politique avaient déjà tenté d'interdire ces festivités. De l'Antiquité au Moyen Âge, en passant par la Révolution française ou les deux guerres mondiales, rien n'a arrêté les célébrations du solstice d'hiver dans les foyers.

Pourquoi ? Parce que, même si on l'a oublié aujourd'hui, notre vie est rythmée depuis toujours par les saisons. Accueillir le passage à l'hiver est un rite très ancien à l'échelle de nos sociétés modernes et il est illusoire de vouloir le supprimer. Il est peut-être simplement nécessaire de remettre du sens dans cette célébration, de comprendre que l'on ne peut pas remercier la nature en puisant à outrance dans ses réserves et qu'offrir des présents est un acte bien plus fort qu'une simple dépense financière extravagante.

Il est urgent de se préoccuper de l'environnement, mais tout autant de ralentir le rythme, de savoir profiter autrement de ses proches et de conter les histoires que racontaient déjà nos ancêtres, des siècles auparavant. On dépend tous de la nature, de son rythme cyclique, d'une météo clémente, d'une terre fertile et d'une eau abondante. Noël, c'est exactement le moment idéal pour s'en rendre compte.

BEST
SANTA

Bibliographie

POUR L'HISTOIRE DE NOËL

Histoire du père Noël, de Nadine Cretin, Le Pérégrinateur Éditeur, 2010.
Le cadeau de Noël, Histoire d'une invention, de Martyne Perrot, Éditions Autrement, 2013.
Le Noël de nos régions, de Marie-Odile Mergnac, Archives et Culture, 2009.
Le Petit livre de Noël, de Dominique Foufelle, Le Chêne, 2015.

POUR DES IDÉES DE DÉCORATION

La nature enchante Noël, de Pia Pedevilla, Éditions de Saxe, 2017.
DIY pour préparer Noël, de Julie Schwob, First, 2018.
1 001 secrets de Noël, de Denise Crolle-Terzaghi, Prisma Editions, 2018.
DIY pour les fêtes, collectif, édition Marie Claire, 2019.

POUR DES REPAS ALTERNATIFS

Noël vegan, de Marie Laforêt, La Plage, 2015.
Joyeux Noël vegan !, de Marie Laforêt, La Plage, 2016.
Un grand Noël vegan, collectif, La Plage, 2017.

AUTRES LIENS À NOTER

Agence de l'environnement et de la maîtrise de l'énergie (ADEME) : www.ademe.fr
Association française du sapin de Noël naturel : www.afsnn.fr

ma playlist de noël

Little Saint Nick, The Beach Boys
Santa's Coming for Us, Sia
What Christmas Means to Me, Stevie Wonder
Rockin' Around the Christmas Tree, Brenda Lee
Here Comes Santa Claus, Elvis Presley
Santa Baby, Eartha Kitt
Chritsmas Lights, Coldplay
It's Beginning to Look a Lot Like Christmas, Michael Bublé
That's Christmas to Me, Pentatonix
Blue Christmas, The Lumineers
White Christmas, Otis Redding
Shake up Christmas, Train
Someday at Christmas, Jack Jonhson
Silent Night, Zach Gill
Santa Claus is Coming to Town, Mason Jennings
Run Run Rudolph, She & Him
O Holy Night, Tracy Chapman
Christmas is All Around, Cats on Trees
White Winter Hymnal, Birdy

remerciements

À mes parents, pour l'esprit de Noël qu'ils m'ont transmis, bien malgré eux, tout au long de mon enfance. Des histoires aux décorations, en passant par les traditions provençales ou les repas interminables, ce livre doit beaucoup à mon amour inconsidéré pour cette période de l'année.

À mon frère, pour avoir résisté à mes réveils matinaux du 25 décembre.

À Laetitia, pour m'avoir aidée à décorer près de 30 ans de sapins de Noël.

À Nicolas, pour avoir supporté de longs mois de musique de Noël pendant l'écriture de ce livre. Et pour m'avoir épousée sur le plus beau des thèmes de mariage.

À Quitterie et Estebán, pour avoir supporté mes heures de travail, empiétant bien trop souvent sur nos heures de jeux.

À Emilie pour les photographies du livre et la meilleure journée de Noël en plein été.
Et à Sébastien pour nous avoir accueillies chez lui avec notre traîneau encombrant.

À l'association des producteurs de sapin naturel pour avoir pris le temps d'échanger, en plein mois de juin, sur la production des sapins en France.

Aux dizaines d'écrivains que j'ai lus pendant l'écriture de ce livre, qui ont si bien relaté l'histoire de Noël.

À Hachette, pour me permettre de réaliser ce rêve d'écrire sur mes deux thèmes préférés, Noël et l'écologie.

Enfin, au père Noël, pour m'avoir fait rêver pendant tant d'années.